堀尾輝久著

現代社会と教育

岩波新書

521

目次

序章

過去を心に刻み未来への希望を紡ぐ

――戦後五〇年を振り返って――

一　現代をどうとらえるか

現代とはどういう時代か。その問いは、私たちが現代を生きるとはどういうことなのかという問いと、重なっている。一見、混迷に見える現代、しかしその混迷に見える事象を通して、そのなかに希望を見定めることも可能ではないか。私たちは現在を生きている。現在とは過去を未来につなぐ選択的決断としての時間性の中にある。それを「歴史的現在」を生きるといってもよかろう。歴史的現在とは何かと問えば、ヴァイツゼッカーの有名な演説が想起される。「過去に目を閉ざすものは、結局のところ現在にも盲目になる」。この表現を過去に向きあうこととしてのみ理解してはなるまい。彼はその先にこう言っているのである。「われわれの義務は誠実さであの過去を心に刻むということを通してしか前に進めない」と。

過去を心に刻むという、そのことなしには前に進めない。しかし同時に私たちはその混沌にみえる現実のなかに、未来への希望を読み解く力をもたなければ前へ進めない。過去を心に刻むということは、同時に、未来への希望を読み解く力を蓄えることに通じている。人間は未来に向けての価値選択を通して生きている。現代を生きるということは、過去を心に刻むことを通して未来に希望を託す、その未来を読み解く力、あるいは未来からの呼びかけに応えようとするその価値選択と決断の問題であることをまず強調しておきたいと思う。

二 戦後五〇年の総括とその歴史意識

ところで、過去を心に刻み未来に希望を託すという場合に、当然それは戦後五〇年をどう総括するかという歴史認識ないしは歴史意識の問題と深くかかわっている。それは別の言い方をすれば、一九四五年をどうとらえるかという問題でもある。一九四五年は日本近代史の流れのなかで、大きな転回点であるが、同時にそれを世界史的あるいは国際的な関係のなかでとらえ、さらに戦後五〇年の流れのなかでその意味を考えようという思考方法を大事にしたいと思う。

その際私は一九四五年を地球時代への入り口ととらえようとしている。

日本の近代史の流れのなかでも、確かにこの一九四五年を転機として帝国憲法から現代の憲法へ、さらに教育勅語から教育基本法へという大きな展開があるが、それを世界史の流れのなかで位置づけ直すとどうなるか。私は近代を一八世紀前後の古典近代と、一八七〇年以降の近代後期に分けて考え、さらに一九四五年以降を現代ととらえ、それを地球時代の入り口だとする時期区分を考えている。それには私自身、この戦前・戦中・戦後をそれなりに生きてきた自分史が重なっている。そこでの私の思いは大江健三郎氏の「戦後民主主義に賭ける」という言葉とも重なっているが、その自分の個人的な「体験」を、共有できる「経験」へとつないでいき、次の世代へどう伝えることができるのか。大学で学生に教えていても、「体験」を通してという言い方がどこまで共通理解になるのか不安がある。そこのところを丁寧に考えていかなければいけないという思いが強い。

実は私の父親は戦死しているので、いうなれば私は英霊の遺児でもあるわけだが、それだけに、戦後五〇年の国会決議論議に前後する動きを緊張した思いで見つめていた。侵略戦争を批判することは英霊にたいして失礼だ、という議論にたいしては、私はむしろ平和遺族会のメンバーの一人として強い批判意識をもっている。そういうことも、体験から経験へというその筋のなかで考えている問題の一つである。

丸山真男先生が一九九六年八月一五日に亡くなられたが、先生は日米安保条約改定(一九六〇年)のときに「復初の説」を強調された。先生にとっての復性復初とは、物事の本質に立ち返り事柄の本源に立ち返るということ、はじめに返れということとは、敗戦直後のあの時点にさかのぼれ、八月一五日にさかのぼれ、私たちが廃墟のなかから新しい日本の建設というものを決意したあの時点の気持ちを、いつもいかして思いなおせ、ということだった。私はこの丸山さんの思いと重なるところで、一九四五年を自分の思考の座標軸にとろうとしてきたのだ、と改めて思っており、それを日本の歴史のなかだけではなくて世界史的な視点のなかで、まさにこの地球時代の入り口として、それをとらえなおそうと考えている。一方で核戦争と乱開発への危機意識、他方で平和と人権思想の発展と環境問題へのとりくみ、自然と人間、そして万人の共生の課題が地球時代としての現代認識を求めている。

近年日本でもポストモダン論の影響を受けてパラダイム転換がいわれているが、私はパラダイム転換をいうならば一九四五年が大きなパラダイム転換であったということをまず日本の歴史に即してとらえるべきであり、さらにこの戦後五〇年の歩みを通して実は一九四五年が新しい地球時代への入り口だったのだと改めてとらえなおす、そして憲法や教育基本法を軸にした改革を世界史的視野に入れ、さらにそれを地球時代のなかに位置づけ直す、という意味でのパラダイムの現代的修正が必要なのだと考えたい。

＊　地球時代とは〈地球上に存在するすべてのものが運命的な絆で結ばれているという感覚・意識が地球規模で共有されていく時代〉としてとりあえず定義しておく。それは具体的にはヒロシマ・ナガサキに象徴される核時代の恐怖と、拡がる環境汚染の問題といった否定的契機とともに、帝国主義の破綻と植民地の独立、平和・人権・共生の思想の新たな展開、人工衛星と宇宙船地球号の意識といった積極的契機を含む。私はこの地球時代への出発点を一九四五年と考えているが、いまなおその入口に留っているといわざるを得ない。二一世紀を地球時代としての希望の世紀としたいものだ。なお拙

稿「地球時代の教育課題——二一世紀を展望して」『日本の民主教育'94』労働旬報社、一九九四年参照。

三　憲法・教育基本法五〇年

「臣民」づくりの教育から人間性開花と人格完成へ

このようなコンテキストで一九四五年というとき、それは八・一五に続く戦後改革期をシンボライズするものである。それから五〇年が経ち、今年(一九九七年)は日本国憲法実施五〇年、教育基本法制定五〇年の年である。この機会に、憲法と教育基本法をふりかえり、その精神をどう定着させていくのか、じっくりと考える必要がある。

戦前は主権は天皇にあり、教育は、教育勅語に「一旦緩急アレハ義勇公ニ奉シ」とあるように、いざというときには天皇のために命をささげる「臣民」をつくるためのものであった。戦後、教育勅語は廃止され、戦前の教育勅語体制は憲法・教育基本法体制へと転換した。

教育基本法の前文は、「われらは、さきに、日本国憲法を確定し、民主的で文化的な国家を建設して、世界の平和と人類の福祉に貢献しようとする決意を示した。この理想の実現は、根本において教育の力にまつべきものである」とのべている。ここからも明らかなように、憲法と教育基本法は一体のものであり、私たちは教育基本法を戦後の、そして現在の教育の根本を定めたものとしてとらえる必要がある。

戦後は、国民が主権者であり、教育は一人一人の人間性の開花、人格の発達を目的とすることになった。教育基本法は、「個人の尊厳を重んじ、真理と平和を希求する人間の育成を期する」(前文)「教育は、人格の完成をめざし、平和的な国家及び社会の形成者として、真理と正義を愛し、個人の価値をたつとび、勤労と責任を重んじ、自主的精神に充ちた心身ともに健康な国民の育成を期して行われなければならない」(一条)と規定している。

戦前は、軍国主義と戦争に備えるための「臣民」づくりの教育で、人間をつくる発想は欠落していた。教育基本法は、この戦前の教育の反省からつくられたという点が重要である。若い人たちがいま教育基本法を読むと、人格の完成、個人の尊厳といった当たり前のことが書かれていると思うであろう。しかし、この当たり前のことが、戦前の教育への反省と批判から生まれたものだということをまずとらえる必要がある。真理と平和を希求する人間、あるいは真理と正義を愛する人間、個人の価値を尊ぶ、個人の尊厳といった言葉は、基本法の制定当時は、まことに新鮮に響いたのである。

戦前と根本的に異なる国と教育の関係

もう一つ大事なのは、基本法は、新しい教育理念を軸に、国と教育の関係についても、大きなとらえ直しをしていることである。戦前の教育が国家目的に従属する、国家目的の手段としての教育であったのにたいし、戦後の教育は子ども一人一人の可能性を育てることを軸にしている。国家は、教育の内容に口を出し、統制するのでなく、一人一人の人間の権利としての教育をどう保障するか、その条件整備の責任を負う。そこでは、教育の自立性、独立性がその原理になる。基本法第一〇条は、「教育は、不当な支配に服することなく、国民全体に対し直接に責任を負つて行われるべきものである」と、このことをはっきりのべている。「不当な支配」の中には、時の政治権力もふくまれるというのが、立法時の文部省の解釈でもあった。

こうして戦後、教育の理念が変わり、国家と教育の基本的な関係も変わった。憲法二六条には、「教育を受ける権利」が書き込まれ、人間の学ぶ権利が保障された。この「人権としての教育」という思想が戦後教育を支えてきた。

同じ二六条には、義務教育の規定もある。これは、「臣民」の義務という戦前の義務教育概念と違い、人権としての教育を子どもに保障する責任と義務を親が負い、自治体が負い、国が負うということだ。ここに義務教育の考え方の大きな転換がある。

「学問の自由」の尊重と教科書問題

教育基本法の新しさは、戦争の惨禍と侵略戦争の責任の自覚に加え、原爆時代の到来というヒロシマ・ナガサキ以降の世界のあり方とも深くかかわっている。憲法と教育基本法には、中心の原理の一つとして平和主義が貫かれており、教育基本法は、「真理と平和を希求する人間の育成」をうたっている。平和教育は、戦後教育の一つの軸になった。

また基本法第二条は、「教育の目的は、あらゆる機会、あらゆる場所において実現されなければならない」、つまり学校教育に限らず、家庭教育から企業内教育まで貫かれる必要があるとし、そのために「学問の自由」を尊重しなければならないとうたっている。学問的真実から分断され、国民道徳の形成のためには真実はゆがめられてもいいという戦前教育への反省から、この「学問の自由の尊重」という教育方針が出てきたのである。

戦後の教科書は国定から検定に変わった。しかし、戦後の教科書検定でとくに一九六〇年前後を境目として特徴的なことには、学問的真実は真実としても、「教育的配慮」からこれこれのことは教えてはならないという態度を示してきたことである。しかし、それは「教育的配慮」という名の政治的配慮にほかならない。そうではなく、教科書および教育実践で大事なことは、科学的真理、真実とともに、それをどう教えるかの「教育学的配慮」でなければならないというのが基本法の立場であり、精神なのである。

最近、歴史教科書での日本の侵略戦争の記述を「自虐史観」といって非難したり、従軍慰安婦問題を教えるのは国辱であり「教育的配慮」から好ましくないとする議論があるが、この種の議論は教育基本法の精神にまったく背くものだ。

また若い人が教育基本法を読んだときの実感として、現に競争に明け暮れ、塾通いまでしてつめこまれる、学校では体罰が横行し、「いじめ」もある、何でこの教育が人権なのだ、いいことが書いてあっても結局きれいごとじゃないか、という感想も多い。

確かに戦後日本の教育は、一九五〇年代の末から六〇年代の初めを転機として、文部大臣の口から教育基本法の改正が言われ、「期待される人間像」が出され、個人の尊厳と、真理と正義と平和を希求する人間教育は、国家主義の方向へゆがめられ、経済界の求める人材開発へとその目標をかえ、学校制度が競争と選別の場に変わっていくなかで、教育の現実は教育基本法から大きく離れている。しかし、戦後教育の理念は、あくまで「人権としての教育」を中心とするものであり、子ども、生徒が主人公なのだから、子どもたちにとっても、また先生たちにとっても、基本法は現状をうつす鏡であり、それを批判する武器としても大きな意義をもっているのである。

四　国会決議といわゆる自虐史観について

第三次教科書攻撃

ところで、憲法、教育基本法から五〇年を経た現在、その歴史意識をめぐる状況もまた私たちが希望を託す方向で、必ずしも動いてはいないという問題がある。教育と教科書に関しては、いわゆる第三次教科書攻撃とでもいう動きが始まっている。これは一方では確かに戦争への反省を求める意識が強くなり、細川内閣で侵略行為に関する反省を述べ、あるいは橋本首相も慰安婦問題に一応道義的な責任を感じるといった発言をしているが、他方でそういう動きにたいしてさえ、いわゆるタカ派、奥野誠亮氏たちを中心にしたグループが攻勢に転じている動きがある。国会決議問題を挟んで永野法務大臣、桜井環境庁長官等々の侵略戦争であったことを否定する発言が続いた。そして自民党には奥野誠亮氏を会長とする「終戦五〇周年の国会議員連盟」、新進党には「正しい歴史を伝える国会議員連盟」がつくられて国会決議を方向づけしようとした(九七年二月、この二つのグループは統一した)。

このような、あの戦争を侵略戦争として認めたくない、そこで曖昧なかたちで決着をつけようとする動きを、アジア諸国ではどう受け止めているのだろうか。沖縄大学の教授で中国国籍の郭《グウォ》承《ツォン》敏《ミン》氏はこう書いている。「対日認識で中国が目を覚まされる思いをしたのは去年の戦後五〇年、国会決議からではないだろうか。すったもんだの末に出てきた決議は悪かったのは日本だけではなかった、お互いさまだったという不思議な文書で謝罪も反省もない。アジアの人々を白けさせ失望させるものであった。……(この間にくり返された)失言は実は、本音であることがわかる」「そこでアジアの人々は豁然《かつぜん》として悟る」(『朝日新聞』一九九六・一〇・七)。

こうして、日本を本当に信頼してよいのかという思いをますます強くしているのである。

黙視できない基本法「見直し」の動き

このような動きとも呼応しながら、いま、支配層の間から憲法と教育基本法の「改正」がワンセットで唱えられていることに注意する必要がある。

「読売」の改憲試案が出されたのは九四年だったが、教育基本法にかんしても、最近、中曽根康弘氏が、経団連創立五〇周年記念シンポジウムの講演で、「教育基本法を根本から見直す必要がある」「基本法は……国家、郷土、家庭、文化、歴史といった言葉が出てこない」「これらの言葉を入れた基本法を制定する必要がある」(「戦後日本の総括と今後の展望」、『月刊keidanren』一月号)とのべている。これに呼応するように橋本首相は、九七年の年頭、内閣の最重要課題として「教育改革」にとりくむことを強調した。中曽根氏と橋本氏は、臨調時代からの深い仲であり、黙視できない動きである。自民党の教育改革推進会議も「教育基本法の見直し」を課題の一つとしている（『朝日新聞』一九九七・六・二七）。

日本の教育は、八〇年代半ばに臨教審が組織され、「自由化」の名で公教育を解体する路線がすすめられてきた。選択の原理が強調され、教育の商品化、競争と選別の強化がすすんだ。商品としての教育は、お金がある人には私学でいい教育を、ない人には適当な公立学校でやればいいというもので、一人一人の人間の成長、発達を企図する教育基本法とは異った教育観である。かつて中曽根氏が首相だった当時、「私が申し上げていることが教育基本法の解釈だ」（衆院予算委、八四年二月一五日）という恐ろしい発言をしたことがあったが、基本法はすでに、そのような公権的解釈によって骨抜きにされてきた。いま、そのうえに基本法の見直し発言が公然と出され、「自虐史観」だという教科書攻撃や自民党現職閣僚による教育勅語賛美発言などがそれに呼応して力をもってきているのである。

この五〇年の国会決議で政治レベルでの動きに重なるかたちで、歴史教育の領域でも、戦争責任の自覚と侵略戦争の反省にもとづく歴史教育あるいは平和教育にたいして、それを自虐史観だと攻撃する動きが強まっている。藤岡信勝氏などがその一翼を担い、それに同調するさまざまな新聞雑誌がその主張をくりかえしている。彼は最初は東京裁判史観批判といっていたが、やがてコミンテルン史観批判とそれを重ね、そして最近では自虐史観批判といっており、それは奥野誠亮氏などにも大いに評価され、ようやく自分たちの言いたい思いを伝える人が出てきたと、持ち上げられている。それだけではなく、藤岡氏は一九九六年夏、山形での自分たちの研究集会で、「とくに慰安婦問題は日本人の誇りを傷つける国辱的な問題であり、これを教科書から排除する国民運動を始めよう」と呼びかけた。こういう人が出てきていることこそ私は恥ずかしいことだと思う。

彼自身がなぜそういうふうに変わったのか。湾岸戦争の直後に彼はアメリカ留学しているが、その際に一方で湾岸戦争を正義の戦争だと認識し、他方で東京裁判は勝者の裁きだという本に出合って、東京裁判に疑問をもった、といっている。そのこと自体矛盾であることは明らかなことだが、彼が目からうろこが落ちたというその『東京裁判・勝者の裁き』(*Victor's justice*)を書いたリチャード・マイニア氏は私の知人でもあるが、彼は藤岡氏の議論と重なるような議論はしていない。彼はベトナム反戦世代で、アメリカの正義を疑い、その同じまなざしで、勝者が一方的に裁くことにたいする批判の視点から東京裁判を見直しているのである。彼は平和問題で積極的に活動しており、ヒロシマの問題などでも優れた翻訳をしている人である。それだけではなく、『東京裁判』の日本語版の序文で「私は日本人読者が本書は一九三〇年代と一九四〇年代における日本の政策を免責したり、弁護したりするものではないことを理解するように望んでいる」と書いている。それなのに、どうして自虐史観批判の援軍としてこの本を使うことができるのか。マイニア氏には、まったく失礼なことをしているのである。こういう人が現れて、まさに政治的な動きと重なりながら大事な役割を担っていることは苦々しい。因みに、湾岸戦争については、アメリカでも、当時の情報操作の問題を含めて多くの批判があることを藤岡氏は無視しているようである。*

＊すでに湾岸戦争の当時からブッシュ大統領の「正義」の戦争論にたいして、それを戦争犯罪として告発する「国際戦争犯罪法廷」が元アメリカ司法長官ラムゼイ・クラークを中心に組織され、「ブッシュ有罪」の告発状が出されていたことを、藤岡氏は、アメリカにいて知らなかったのだろうか。

五　何に誇りをもつか

では自虐史観というものをどう考えるかという問題はしかし、それほど単純ではない。もしあの戦争を民主主義とファシズム、あるいは超国家主義や軍国主義と民主主義の戦いであったとだけとらえたのでは「自虐史観」批判に足をすくわれることになってしまう。第二次世界大戦、あるいはそれにいたる帝国主義の歩みというものを全体として批判的にとらえる視点なしに、ただ日本の加害責任だけを強調するとすれば、歴史認識として正確とはいえない。

平和思想の伝統

さらに単に侵略責任を問い詰めるというだけではなく、何を誇りにするのかということが、一つの大きな課題になっていく。未来への価値選択という問題とかかわって、まさに過去をふりかえってみた場合に、われわれの先人たちは侵略をした張本人たちだけであったのか、ということを問う必要がある。これは愛国心をどうとらえるかという問題とも重なるが、少なくとも私たちに誇りうるものはないのかということを、私たちの歴史に即して丁寧に掘り起こす努力をしていかなければならないという思いを私は強くもっている。そういう思いで見ると、たとえば戦前の平和思想の伝統として中江兆民、幸徳秋水、内村鑑三、矢内原忠雄、石橋湛山、岡倉天心、柳宗悦等々があるし、教育に即してみても批判と抵抗の教育の運動もあった。たとえば新教・教労の「新興教育」(一九三〇・九月―三三・六月)などを見ても、侵略戦争にたいする批判をしていた人たちがいた。帝国主義と侵略戦争を批判した日本の先人たちの考え方とその行動、それへの弾圧の事実を含んで、生徒たちに丁寧に教えていくということを大事に考えないといけないと私は考えている。

憲法九条

憲法とりわけ九条に関して、それが一国平和主義であるとして時代遅れだと批判する人も多い。法学者の中にも「憲法九条はマッカーサーの軍事的終末論から生まれた非常に特殊な発想で、宗教的な考え方が法のなかに混じり込みそれと連合国の日本弱体化論とが結合してできています。」と述べて、実質的に九条の変更を求めるような議論も現れている（長尾竜一『This is 読売』一九九六・一一月号）。憲法学のごく常識的なレベルからみても、九条の成立過程については日米合作説ということが共通の理解であるという事実をことさらに無視した議論であるといえよう。私はむしろ幣原喜重郎《しではらきじゅうろう》のイニシアティブを、つまり一九四六年の一月二四日のマッカーサーと幣原の会見の時に幣原が「これからは軍隊をもたない」ということを最初に言いだしたという事実を大事に考えたい。このことはマッカーサー自身、アメリカ上院軍事外交委員会（一九五一・五・五）で証言していることである。さらに後年（一九五六年）マッカーサーが日本国憲法の成立過程について憲法調査会からの問い合わせに答えて、「それは幣原の先見の明とステイツマンシップと英知の祈念塔として永久に朽ちることはないだろう」と評価しているのである。法哲学の専門家がそういう事実を無視し、ねじ曲げていることにたいして、私は強い不快感をもっている。

いずれにしてもこの九条の問題では私は一方では幣原のイニシアティブ説を強調したい。同時に成立過程だけではなくて、それが五〇年を経て現在の世界情勢のなかでいっそう輝きを増しているのだということが海外でも認められはじめていることを重視したい。

ちなみにアメリカにも、湾岸戦争後に、チャールズ・M・オーバービー氏を中心に「憲法第九条の会」がつくられ、「日本国憲法九条の理念を世界中が取り入れる活動」を始めた。彼は『朝日新聞』のインタビューに答えて、「歴史上初めて、日本は軍事力を使わずに経済大国になった。憲法九条を持っている日本のみなさんが勇気を奮い起こせば、二一世紀のモデルになる新しい枠組みを世界に示すことができるのです」と語っている(『朝日新聞』一九九二・二・五、「ひと」)。また、ハーバード大学のブライアン・ウドール助教授は、「冷戦後の新世界秩序には、日本の憲法、とりわけ九条の精神が、どの国の憲法よりも適している」と語り(『朝日新聞』一九九二・六・二九、「天声人語」)、総司令部の一員としてマッカーサー・ノートにかかわったベアテ・シロタ・ゴードン女史は、『ニューズウィーク』誌(一九九三・六・七)のインタビューに答えて「それは最良《エクセレント》の憲法」であり、九条は「廃止されるべきではなく、むしろ模範とされるべきだ」と述べている。アジアの人たちも、たとえば、ル・ペイチュン氏は「あの憲法九条はアジア二千万の犠牲の上に作られた国際的な公約なので軽率に変えられては困る。アジアの人は誰もあれを変えろなどとはいっていない」とのべている(一九九四・一一・三憲法記念日での講演。なお、同著『もっとアジアを知ろう』岩波ジュニア新書参照)。

私は日本国憲法は、一方では戦前の軍国主義や侵略戦争にたいする反省として、さらに核の問題を含めて戦争観の変化と平和の思想の大きな展開のなかで出てきたものであると同時に、その前文にあるように、「全世界の国民《ピープル》」の「平和のうちに生存する権利」を認め、正義が支配する平和な新しい国際秩序をつくるために「名誉ある地位を占めたい」という国際平和主義への決意表明であること、その後の地球時代の展開のなかでこの理念と決意はいっそう未来志向的価値があるものとして輝いているのだと、とらえる必要があると考えている。

六　アジアの中の日本を考える

その上で、私はとくに「アジアの中の日本」を考える視点を強調したい。日本で歴史を教える場合に、歴史的な事実をどのようにアクチュアルな意味をもたせて教えるかが重要である。この点が歴史学と歴史教育の違いでもあろう。たとえば韓国併合、そしてその前年の伊藤博文の暗殺事件をどう教えるか。これは日韓の教育では非常に大きな隔たりがあるところだ。安重《アンジュン》根《グン》ひとりとっても、一方では日本の重鎮を殺したテロリストであり、他方では愛国者である。それを子どもたちにどう教えるかという場合に、少なくとも韓国ではどういうふうに安重根が教えられているかという事実は当然教えるだろうが、それだけでは子どもたちは納得できないところがあるだろう。それだけに、これはこれまで非常に難しい教材と考えられてきた。

しかし幸いなことに、最近になって次のような事実を知ることができた。安重根の獄舎で彼を監視していた千葉十七という二四歳の憲兵に安重根は自分の理想を訴える。そのなかで千葉十七は、安を尊敬するようになっていき、安が処刑されるときに贈られた書を持ちかえって大事にしながら、身内の人たちには、安という人は素晴らしい人だった、ということを伝えてきた。そして一九七七年に、千葉の郷里宮城県の大輪寺に千葉十七と安重根の記念塔が建ち、続けられてきた合同法要に安重根の孫も参加したというニュース(『朝日新聞』一九九二・九・七)を知って感動した。そしてそういう仕方で民衆の心の中に平和を求める気持ちがあり、お互いの心の通いがあったのだということ、そこまで教えないとやはり教育にはならないということを私は感じている。

あるいは朝鮮での三・一独立運動(一九一九年)に関して柳宗悦が書いた痛烈な批判と連帯のメッセージ(「朝鮮人を思う」『読売新聞』一九一九・五・二〇—二四)なども大変心を打つものだ。また朝鮮総督府が景福宮の真ん前につくられ、光化門が崩されようとする。それにたいして柳は芸術家としての痛みを込めてメッセージをおくっている(「失われんとする朝鮮建築のために」『改造』一九二二・七・四)。そういうことを知ることが私たちには大きな励ましになるのではないだろうか、教育にとっては大きな力になるのではないだろうか。

平和思想史の問題の一つとして、岡倉天心が『茶の本(Book of tea)』(一九〇六年)に書いていることなども、私たちの励ましとなる。「西洋人は日本が平和な文芸にふけっていた間は野蛮国とみなしていたものである。そして満州の戦場に大々的殺戮を行いはじめてから文明国と呼んでいる。もし我々が文明国たるためには血なまぐさい戦争の名誉によらなければならないとするならばむしろいつまでも野蛮国に甘んじよう」。天心はこの本をまずは英語で書いた。このことにも天心の気概が示されている。われわれは誇りうべきものに何かということを丁寧に発掘しながらそれを現代の問題につないで教材化する、そういう努力がこれからますます必要になってきていると思う。そしてこのような視点は、大競争時代（メガ・コンペティション）ともいわれる現代の私たちの生活の質を問い直す視点とつながってこよう。

七　個別・特殊のなかに普遍を見る

これらの具体的な事実は当然個別的なものだが、私たちは個別的な事実を通して普遍的なものを見ようとするとき、「個別を貫く普遍」というものが見えてくる。人権の原理にしても、それを普遍的なものとして説くだけで終わってはなるまい。「違いを超えての普遍」とともに「違いを貫く普遍」、「特殊を通しての普遍」が問題なのである。その「普遍」なるものも「歴史的に規定され、限定されたもの」ではあるが、同時にそれは「未来へと開かれた普遍」であるというとらえ方が歴史認識、そして歴史教育の場合にたいへん大事になってこよう。

「普遍」と「特殊」の問題についてさらにいえば、この問題は、じつは国際的な教育論議のなかでもたいへん重要なテーマになっている。一九九四年のジュネーヴ国際教育会議に案が出され、さらに検討のため保留になったユネスコの平和・人権・民主主義の教育に関する「総合的行動要綱」が、翌年のユネスコ総会で採択された。

ジュネーヴでの最初の案では「人権の普遍性に疑いをさしはさむようなものであってはならない。文化的・社会的多様性が人権観念と一致しない場合は、国際的基準のほうが尊重されなければならない」という表現であった。しかし人権の普遍性の名のもとに、ヨーロッパ的なものを普遍的なものとしてアジアやイスラム圏に押しつけるという傾向に対して強い反発があり、前記の文章は削除されて、修正された文章では「この行動要綱は、さまざまな社会の条件に応じる制度的および国家的レヴェルの方略や政策や行動計画に包含される、その基礎となるガイドラインを示すものである」と直された。

また、その前年のモントリオール会議では、「この平和や人権の問題を、平和文化あるいは人権文化としてとらえる必要がある。未来へ向けての重要な挑戦は、それぞれの文化的伝統のなかに人権を根づかせることによって、人権の普遍性を高めることである」とある。このモントリオールの議論はユネスコでの議論にも大きく反映しているのではないかと思われる。

私自身、この普遍性というものを「歴史的・社会的に規定され、同時に未来へと開かれた普遍性」とこれまで表現してきたのだが、それは別な言い方をすると、個別性と普遍性の関係という難問をどう解いていくのかということでもある。私たちは〝違いを超えて人間として共通のものがあるではないか〟という仕方で、普遍ということを考えることがある。それは、一つの視点として重要だが、もう一つの視点として〝差異を超えてではなく、差異を貫く普遍〟という、差異と普遍の関連性のとらえ直しが必要ではないかと考えている。

たとえば、大江健三郎氏のノーベル文学賞の受賞は、大江文学が国際的に普遍性をもった文学と認められた、ということである。その普遍性とは何なのか。大江文学には、つねに回帰するいくつかのイメージがある。それは、彼が生まれ育った愛媛の森や谷であり、障害を背負ったご子息の光君との共生の体験であり、あるいはヒロシマという、世界の経験からすれば非常に特殊な体験である。そういう特殊性を背負ってじつは普遍的な文学がつくられていくのだ、というふうに考えることができる。特殊性というものは、普遍から見てその障害物などではなく、むしろその特殊をとおして普遍が見えてくる。そういう特殊なるものをどう発見するかということも、また大事なことだ。

沖縄の問題にしても、これはある意味では特殊な問題である。しかし、われわれはそれを無視して日本の将来を考えることはできない。世界の新しい平和の秩序を考える場合にも、沖縄問題を無視することはできない。沖縄問題というのはその特殊性のなかに普遍的な問題をはらんでいる、と考えるべきだろう。一方では「特殊を超えた普遍」という視点とともに、他方で「特殊を貫く普遍」という仕方で、私たちの思考を訓練する必要があるのだと思う。

これは当然、人間の評価の視点にもかかわってくる。障害をもった子どもをどう評価するのか。一般的な人間の価値尺度でそれを測って上下をつける、ということではないはずである。他者との違いを認めあうことをとおして、お互いに人間であることの苦しみも共有する、そういう視点もまた大切になってくる。

こうして、人間と歴史の認識の根本が問い直されているのである。

「知は力なり」、knowledge is power という言葉があるが、本当に力になるような認識のあり方が問われている。民衆が知をもち、そしてそれを力とすること(民衆の力＝デモクラシー)ができるかどうかが民主主義の成否をきめる。それは民衆の教養(文化)の質の問題にもかかわる。それは単に認識の世界を広げるという問題ではなく、感性のレヴェルでの人の痛みや悲しみを共有するというコンパッションを含んで教養というものをとらえなおすことが求められている。教養は「人と人をつなぐもの」といわれるが、それは個別の認識を通してつなぐ(con-science)だけではなくて、まさに個別のものをいつくしむ感性を通して、あるいは人間的なふれあいを通して、苦しみを共有する(com-passion)ということをも含んでの教養の問題が問い直されているのではないだろうか。歴史教育の課題もこの点に集約されるのではなかろうか。

八　人権と子どもの権利思想の展開のなかで

その成立から五〇年を経た今日においても、教育基本法は憲法と同様、大きな意味をもっており、私たちはその原理を発展させながら守る必要がある。憲法、教育基本法には、人類普遍の原理がふくまれており、この普遍的なものが歴史を通じて豊かになってきているという見方が私は大事だと思う。その精神は、一九四五年の日本と世界の状況に歴史的に規定された特殊な存在であるが、それを貫いて普遍的なものにひらかれ、つながっており、その後の現実のなかでその内容を豊かにしているといえる。教育実践の深まり、教育学の発展もふくめて、その原理の深まりがある。

さらに教育基本法の原理を発展させている大きな力に、戦後の新しい国際関係がある。第二次大戦の反省から、新しい平和な国際秩序をどうつくるかという世界的なコンセンサスがつくられ、国連やユネスコも生まれた。世界人権宣言の中に人権としての教育の規定があるが、それを受けて、子どもの権利宣言(五九年)が出され、それから三〇年たって子どもの権利条約が生まれた。人権一般にかんしても、六六年に国際人権規約がつくられる。人権もたんに権利宣言にとどまらず、「宣言から条約へ」、つまり条約を批准した政府はその中身を実際に実現する責任を負うようになる。さらに、子ども、女性、障害者の権利のように、個別の権利に即しても人権思想の深まりがある。「未来の世代の権利」宣言を国連に求める動き(J・クストー)も拡がっている。

私たちは戦後教育の中で、子どもの人間的成長・発達の権利、学習の権利を強調してきたが、八五年には、ユネスコで学習権宣言が出された。学習権という概念も、日本では教科書裁判での杉本判決(七〇・七・一七)で認められるといった発展があり、学習権を保障する授業をどうつくるかという実践者の努力もある。(私もこの法廷で、家永側の専門家証人として証言した。)平和教育にかんしても、核問題や基地問題をつうじての高校生らの積極的な動きや韓国の高校生たちとの交流など、青年たちの注目すべき動きがある。「教科書に真実と自由を」の会が歴史学者・教育学者によってつくられ、「子どもの権利」について市民・NGOの会が国連への報告書をまとめ、「日本の教育改革をともに考える会」が地域の動きをつなぐ課題を負って動き出している。

私たちは、戦後半世紀の到達点にたって、これまで豊かにしてきた憲法・教育基本法の精神を大切にし、国際的視野のなかで、それをいっそう発展させていく必要があることを強調したい。

第一章

現代企業社会と学校・家族・地域

一　現代の社会

子育て、教育の営みは、人類の歴史とともにあるが、それは、ひとりの人間が生まれ出たその家族・地域・共同体(ときに国家)の人間関係のなかでの子育ての営為であると同時に、さまざまな通過儀礼を通して、その子をその社会の一員として必要な労働技術と価値観を身につけさせ、その社会に送り出す(イニシエイト)社会的・共同の営みである。その意味で教育は、個人の人間発達と社会の持続・発展(再生産)の両者の接点に位置するのであり、その本質において社会的存在である人間は、子育て、教育を通して社会化されていく。

社会化過程は誕生とともに始まるが、学校卒業とともに終わるのではない。人間は社会に出て、そこでも学習しつづけ、それぞれにその役割が与えられる。職業生活におけるその役割と地位はその人となり(人格)の重要な規定要因である。変化の激しい現代社会では、人間は生涯を通して学習し、変化することが求められている。

学びの場としての学校は、その語源のスコレーが示すように、余暇を利用してのあそび(ルードス)に通ずる精神の自由な活動の場であったが、現代の学校は、近代国家の成立と産業社会の発展とともに、その人材養成と配分のための巨大な装置として制度化され、運営されている。それは時に機能不全をおこし、全体社会の機能にとっても重要な影響を与えることにもなる。逆に企業社会は、学校制度の効果的運転については並々ならぬ関心を寄せる。その関係、両者の距離のとり方がいま問われている。

現代では、家族・学校・地域はいずれも企業社会のエイジェントとして、そのゆがみ、ひずみは、さまざまな現代的病理をともなっている。いじめ、自殺、登校拒否等々の現象は、家族や学校の人間関係だけでおこるというよりは、学校と家族の相互関係、さらには企業社会と学校・家族の関係も重要な要因となる。

ここでは、人間の成長・発達を視座の軸におき、その成長の場である家族・学校・地域・企業が、どのような関係構造になり、人間発達に影響を与えあっているのかを考察する。その際、企業社会に視点をおき、そこでの人事採用、考課にみられる人間評価（人間観）が、学校や家庭にどのような影響を与えているかについても考察を加えたい。

二　企業社会と人間

会社本位社会

今日においても、日本社会は「市民社会」が未成熟だといわれる。それは社会の多元性と多様な価値観が共存する自由で寛容な社会のイメージの対極をなす、画一主義的価値観の社会ということでもある。その社会は企業社会と呼ばれている。それは大企業を軸にその系列化、序列化された社会である。

それはまた、法人資本主義ともいわれ、株式会社は資本をもたない経営者と従業員の共同体だとされる。そこでの経営の方式は、終身雇用、年功序列賃金、企業別組合を三本柱とし、会社を「従業員の共同体」と考えるいわゆる「日本的集団主義」の特徴をもっている。日本の企業社会が「会社主義」あるいは「会社本位主義」といわれる所以でもある。(1)

しかしその共同性は「幻想」にすぎない。この企業の内部構造は役員の序列と役職の階層性の明確なヒエラルヒー構造になっており、そこでの「和」の精神は、いじめと異端狩りを必然的に生みだすことになる。

この問題性を指摘しつづけている奥村宏は「内部からの批判を許さないというこの会社絶対

主義は、戦前の日本の国家主義に似ているというより、かつての国家絶対主義がそのまま会社絶対主義に転化したといえなくもない」(2)とのべている。

日本の会社は「会社本位主義」の視点から徹底した社員教育を行なうが、そこでは技能訓練とともに、いやそれ以上に精神教育に力を注ぐ。そのため修養団での修養や自衛隊体験入隊もそのプログラムに組み込まれている場合が多い。

イギリスのイングリッシュ・エレクトリック(EE)社と日本の日立製作所を比較分析したR・ドーアは、「従業員の価値観や態度の改造ということに対する関心の度合いは、日立のほうがずっとあからさまであり、しかもあらゆる階層の従業員を対象としている。それはまた、訓練中の短い期間に限定されているわけでもない」とのべ、多くの工場には、先代会長の感化を受けた「修養会」がつくられ、月一回『向上』という雑誌を出し、従業員の精神修養と会社への帰属意識を強めていることを紹介している。(3)

単身赴任、サービス残業、過労死は、会社本位主義における「会社人間」の特性ともなっている。企業内組合としての労働組合も、労資協調による会社下支えの重要な任務を分担している。総評から「連合」への再編は、労働組合の会社社会全体を下支えする支柱としての役割をいっそう強化するものに他ならない。

企業国家

日本社会は政・官・財の三位一体の構造をもっている。政界は官界に強く財界に弱い、官は政に弱く財に強い、財は官に弱く政に強い、この三つ巴の関係のなかで、この一体性が保たれてきた。この構造は、七三年のオイルショック以降、日本の経営方針が世界的にも注目されるなかで、いっそう顕著になってきたが、会社本位主義が強化されてくるなかで、三者の関係にも微妙な変化が生じているといってよい。とくに七〇年代後半から八〇年代にかけての行政改革と民営化方策のなかで、財界・産業界は、いまや官にも強いものとなってきた。官は財に弱く、政に強いこと、政は官にも財にも弱いことは、住専問題を通しても明らかになった。こうして全体として財界中心の日本社会の姿が現出している。一九六〇年代の高度成長以降、日本社会全体の「企業社会」化がすすむが、それは八〇年代に入って、さらに規制緩和と民営化のなかで、企業が国家を支配するという意味での「企業国家」へと推移してきているといえよう。

会社の序列と人間の序列

さてこの会社本位主義が貫徹する日本社会(国家)においては、会社の中心の発想が人々の価値観をも大きく支配することになる。官界には、大蔵をトップに通産、経済企画庁といった経済官僚を上位とする序列意識があり、企業においても金融をトップとし、大中小と組織の大きさによる社会的序列づけが一般化している。このことは『ザ・ジャパニーズ・カンパニー』を書いたイギリスの研究者R・クラークにも日本的特徴として映っている。

「日本人は会社をはじめあらゆる組織を一流二流というふうに階層的に格づけする。……あるる会社の業界での力、良好な勤労条件とそれから生じる従業員のメリット、これらのものはすべて一般の人々の会社評価につながり会社の格を決めるめやすになる」(4)。

問題はさらに、この会社・企業の格づけはそのまま人間評価の規準になっている点である。クラークは、アメリカやイギリスにも企業の大小はあるが、しかし、日本のようにそれがそのまま会社の社会的評価の序列になるのではない。ましてや人間を会社の格で評価するというようなことはないとのべている(5)。

人間能力もまた企業に役立つかどうかで評価される。個人の労働技術の品質管理(QC)もまた、その視点からなされる。個人有技術は必要だが、しかしそれを「個人有技術のままで放置しておくと、会社としての固有技術の蓄積にはならないのである。……したがって、「QCはなんのためにやるか」といえば、単なる個人技術から会社としての固有技術の蓄積とレベルアップのために行なうものであり、それを効率よく、すなわちスピードアップするために行なうものである」(6)。

勤労者個々人のもつ技術は、「会社としての固有技術」として蓄積され活用されてはじめて意味をもつ。

企業社会の抑圧性

この日本の企業社会は、その成員に、抑圧的に作用する。

永くアメリカで精神医学者として仕事をし、厚生省の役人として日本に帰ってきた宮本政於《みやもとまさお》は、そのカルチュアショックをこう書いている。「私はれっきとした日本人であったはずである。ところが「個人の生活の満足より、掟のほうが重要だ」という日本社会に入ってしまうと、正直なところ、私は日本人だったかどうか、つい自信がなくなってしまう」。

宮本自身、帰国後の職場で「帰国子女さながらの〝いじめ〟」にあった経験をこうのべている。彼はアメリカ式に公私を区別し、休暇は当然の権利として行使するのだが、それに対して「役所の掟」なるものに従うように強く求められる。それは「いじめ」だと感じる彼に対して、たとえば局長によって「いやいやそうではない。そういうのは〝しつけ〟と呼ぶのだ。早く役所の環境に慣れてほしいという親心があるからだよ」とさとされる。彼はその時の自分の気持をこう書いている。

「集団の論理に染まるのが当り前だと思うなら、なるほど私が経験したことは集団生活を送るための、ありがたい〝しつけ〟となる。ところが、私のように一人ひとりの個性を大切にすべきだと思う人間にとっては〝いじめ〟にしか感じられない」(7)。

この自分の体験はしかし、ニューヨークに進出している一流企業の日本人企業戦士に医師として接してきた体験と重なり合うものであった。

心の病をもつ患者はとくに将来を有望視されている中間管理職に多いという。

現地採用のアメリカ人や日本人の部下にたいして日本でそうであったように〝お前は仕事とデートとどっちが大切か〟とどなっても、かえってバカにされ、彼らとの折り合いが悪くなる。また若い妻と幼い子どもを残しての単身赴任の理由も「子どもの教育のことを考えて」のことだが、このこともストレスの原因となっている。土日も仕事に没頭することで気を紛らわすしかない、そのことが、ここではかえって孤独感をつのらせることになる。

宮本は、医師としての日本人の観察、そして自らの帰国によるカルチュアショックをふり返りこうのべている。

「役所で自分の生活を省みないで仕事一筋の人たちは、〝個〟の成熟ぶりが、欧米社会の人たちに比べて遅れていることに気づいた」。「アメリカ社会では〝個〟が成熟していない人は一人前として扱ってもらえない。……逆に日本的組織の中で上手に泳ぐには、〝個〟の成熟度はそこそこのほうがよい。〝個〟が成熟した余り自己主張などしようものなら、組織からはじき出されてしまうからだ」(8)。

企業組織の肥大化は組織の官僚化を必然化するが、とりわけ「会社本位」主義の日本ではその傾向が強い。企業内での出世の過程は、官僚の出世と同様で、組織人として世渡りがうまくなければ出世はできない。そこでは企業家精神はむしろ出世の邪魔になる。「こうして日本の大企業経営者は企業家ではなく、会社官僚になっている」(9)。会社本位主義の原理は官僚機構の原理とも相通じているのである。

三　企業社会と学校・家族

企業社会に従う教育

そのような現代社会にあって、学校はどのような役割を果すのであろうか。それは、企業社会の単純な従属変数であろうか。

そこに求められ、かつ存在を続ける学校固有の文化——それは全体文化のサブ・カルチュアであるが、同時に全体文化からは相対的に独自なものである——とはいかなるものなのであろうか。

戦前、日本の学校は国家的施設としてとらえられ、公教育とは公権力の関与する教育と概念されていた。それは、日本の教育が、教育勅語体制として確立してくる一八九〇年以降、とくにプロイセンドイツの学校制度にまなび、その法学的基礎づけを援用することによって、その教育的思惟の基底をつくってきた。

戦後、人権保障の大系としての日本国憲法が成立し、教育もまた人権としてとらえられ、そのことによって、義務教育の観念も一八〇度旋回した。にもかかわらず、とりわけ一九五五年前後以降「国家の復権」現象のなかで教育は再び国家の監督下におかれるべきものであり、学校を国家的(公的)営造物とみなす行政解釈もまた復活強化されてきた。しかしそのことは、一般国民(ピープル)も教育を「国家のため」と意識したというわけではない。教育をめぐる政策意思と一般国民の意識には大きなギャップが存在しつづけている。

自民党の長期政権のもとで、歴代政府は教師と教育内容統制を軸に、愛国心と「期待される人間像」の方向でキャナライズしようと執ように試みてきたにもかかわらず、このギャップを埋めることに成功してはいない。家永三郎の国を相手どっての訴訟の提起は、それ自体が国家に包摂されない国民(人間)の存在主張でもあった。一般国民もまた、再び復活してくる「国家あっての国民」、「国家のための教育」といったスローガンを醒めて見ていたといってよい。(10)

しかし他方において、「人権としての教育」の新しい観念も、民衆的に根づいてきたとはいえない。教師による体罰は止まず、生徒間のいじめが自殺者をだすという情況が、学校に「平和と人権の文化」が根づいていないことを端的に物語っている。

さらに、一九六〇年代以降、社会の競争原理と能力主義による再編の動きが強まり、教育制度の「多様化」を軸とする競争と選別の機能が強化され、とりわけ七〇年代半ば以降の経済の低成長期に入ると、一元的能力主義の圧力はますます競争を激化させていく。

この間高校の格づけは、大学の格づけと連動し、大学の格づけは企業の格づけと連動していることによって「会社本位主義」の序列主義的価値観は、そのまま日本の教育体制を枠づけ、多様化政策の名による較差・序列化政策をも貫徹する。(11)

こうして、学校化社会は会社本位社会と順接する。学校というレッテルと点数序列の価値観は、会社の位とそこでの役職によって人間を評価する慣行《プラティク》と一体のものなのである。

さらに一般の親の意識も非会社人間は評価の埒外にあり、少なくとも子どもを育てる過程においては、それは社会のはずれ者としてしか見なされない。それ程にその価値意識は会社本位主義社会のそれと同調化されているのである。

抑圧される青少年

このような会社本位社会ニッポンの中で、日本の青年たちが自信を失っており自分は自分であるとして、ありのままの自分を受容し、自信をもって外に向かうことが弱いという点では、たとえば日米比較研究(日本青少年研究所、一九八三—四)(12)のデータとしてもきわだっている。自分の成績についての自己評価も日本の青年の方が低い。五段階相対評価が、内面化した姿ともいえよう。

それはまた、家庭での親子の信頼関係の欠如とも重なり合っている。別の家族教育に関する国際比較調査報告書[13]によれば質問項目「お母さんは、あなたのことを自慢に思っていると思いますか」に対して、「思う」と答えたのは日本の中学生二三・六%に対して米国の中学生九一・〇%であった。

日本の中学生がいつも親の目、教師の目を気にして、そのことによって抑圧的な心理状態に追い込まれていることが、この調査結果からもいえよう。逆に親から見た子どもの成長についての満足度も、日本の親とくに母親のそれは極端に低いことも、この抑圧的状況を示している。

表1　中学生の成績の自己評価　(%)

	上	中・上	中・中	中・下	下
日　本	6.6	21.6	34.5	24.7	12.6
米　国	22.1	37.3	36.2	3.4	1.0

浸透する競争原理

企業社会の再生産にとって労働力の社会的配分機構としての教育制度、とりわけ入試制度及び進路指導のあり方は、重要な意味をもつ。

両者はどういう意味で適合的であり、どういう意味で問題をはらむのであろうか。

日本の大企業は新規卒業者の定期一括採用を行ない、選別の指標として教育の程度(つまりは最終学歴と学校歴)を重視した基準を採用してきた。その理由を経済学者の橋本寿朗《はしもとじゅろう》はこうのべている。

「教育の程度を基準とした採用は、採用側からいえば応募者の評価をルール化し、採用の費用が安上りですむ。しかも、企業では研修制度をもち、OJTで技術、技能を形成したから、まずは一般的理解力を判定することが有効であった。したがって、学歴別採用計画をたて学校歴の上位のものを採用することになった[14]」。こうして学校歴は一般的理解力を判定する指標とされ、職業技術の教育は社内教育で訓練すればよいとされた。

「ところで、一九六〇年代以降アメリカで盛んになった教育の経済学が明らかにしたのは、普通教育が一般的で抽象的な能力を高め、そうした一般的能力のほうが企業のなかで生産活動などを行なう労働者にとっては、特定の職業的能力(技能)を高めようとする職業教育より有用だということである。日本の大企業の採用方法は、その理論を先取りするものであった」。そこでこうした日本企業のあり方が、批判よりも賞讃を得ることにもなっていった。

橋本はこれに対してこうのべている。

「しかし、こうした仕組みには重大な問題がある。何をするかよりも、どんな企業に入社するかを巡って、小学生のころから長く厳しい競争が展開したからである」。

「教育の各レベルで学校間競争が展開される。たとえば、大学は出来るだけ多数の卒業生を有名な企業、有力な企業に就職させて評判を高めようと競い、独自の入試で成績上位者を選抜入学させた。多数の受験生を集めて、成績上位者を選抜しようとするから、公平性を維持しながら、入試にかけるコストを小さくしようとすれば、客観テスト方式になる。同様に、高校は出来るだけ多数の卒業生を有名な、評判の高い大学に合格させることを競った。中学校でも同様な教育が行われた。こうして競争メカニズムが全人口を巻き込んでいった」(15)。

この分析は、教育学者の分析と一致するものであるが(16)、橋本はさらにこの競争メカニズムが企業内の人事考課方式と同型であることを指摘してこうのべている。

テストの点数として偏差値を競う競争メカニズムは、「企業における人事考課の仕組みと長い競争に類似していることは明らかであろう。つまり、受験競争の最終関門である企業の新規採用方法が教育過程の競争メカニズムに決定的影響を与えただけでなく、教育過程の競争の内容も企業内競争に類似したものとして会社主義的になっているのである。それゆえに、このシステムは国際性をもちえない(17)」。

そこでの競争の原理は家族をもまき込む仕方で貫徹する。

「企業内における長く厳しい競争で決定的な選抜の時期をむかえたサラリーマンは、単身赴任を含む転勤による昇進を選択し、サラリーマンの妻や子は受験勉強における勝利を重視して移住を避けている。家庭や家族関係が競争メカニズムによって引き裂かれている、と解釈することができるであろう。……要するに経済成長の代償(コスト)は家庭に重くのしかかってきているのである[18]」。

このように、日本の家族と学校が人間性をとり戻すためには、企業が、採用、人事考課、昇進、企業内教育の内容を含んで、大きく変わらなければならないのであり、経済界は、教育改革を提言する前に、あるいはそれと結びつけて、企業のあり方そのものへの改革提言と改革の実行が求められているのである。

四　学校化社会と教育家族

「教育家族」の出現

こうして一九六〇年代以降「経済と教育」「能力と競争」という思考軸が一般社会の中で大きな比重を占めるようになり[19]、学校制度は、人材選抜機構としてフル回転しはじめる七〇年代後半以降、社会が学校的価値=偏差値序列を重くみる風潮の中で、社会全体が学校化し、いわゆる「学校化社会」が展開していく。それは家族のあり方を大きく規定することになっていく。

かつては、生産の単位でもあった家族は、その社会的機能を縮小し、子産み、子育ての機能を中心に純化し、現在では幼児期から教育競争を意識する「教育家族」を生み出しており、そしてこのことによって、逆にその教育機能を低下させている。

かつてはその独自の家風とともに独自の家庭教育(しつけ)の場であり、独自の価値拠点でありえた家族が、「学校化社会」の一翼を担うものとしての「教育家族」[20]に変化していく。そこでは、家族を国家の単位として国家の側に引きよせるという関係とは違って、企業社会における競争と、学校における選別的役割とが、経済の論理の中で必然的なものとして位置づけられ、富める家族は、社会的競争に有利な学校を選び、そのために家庭教育は早くからその準備態勢をととのえ、よりよい塾、よりよい家庭教師、そしてよりよい学校のために、経済的にも備えを怠らない「教育家族」を生み出すことになる。それは家族をもまきこんで展開する現代市場原理の一つの帰結でもある。

それではこのような意識は経済的に豊かな、そして子どもの偏差値も比較的高い階層だけの問題かといえば決してそうではない。中間層は、この圧力を最も強く受けている階層であり、さらに底辺層においても、学歴社会の圧力は、せめて高校まではいかせたいという思いのなかで、この底辺層もまた「教育家族」化傾向を強めることになるのである。そのことはまた、家計における教育費の割合が著しく大きな比重をしめることとも重なっている。

しかし、その子どもの教育費は親の将来への投資の対象であるよりも、回収不能な消費財でしかなくなったといわれる。家族社会学者の庄司洋子は、この近年の家族経済学の主張に依拠しつつ「消費家族における子どもの養育について、親はかつてない混迷に陥っていることも確かである」とのべ、親が子どもをもつかもたないかの判断も、すべて親の選択と責任に帰されているが、しかし「現実に、親が主体的な判断や選択の力量を備えることは難しく、多くの場合、親は、家族の外側にある価値や規範、たとえば結婚や親子関係にかかわる家族規範、教育をとりまく知育中心主義・学歴主義・業績主義などに支配されることになる」とのべている。(21)家族(親)の判断は多くの場合、社会の価値意識に従属しているのである。このことはまた、旧来、「家庭教育」という概念が家訓や家風に象徴されるように学校教育に対する相対的に独自な教育領域として存在していたのにたいして、現代の家庭教育は、むしろ学校教育に従属する補完機能あるいは学校教育対策しかもてなくなってきていることを意味している。

実際親たちは、妊婦教室にはじまり、乳幼児教室やスポーツ教室、学習塾への送り迎えに加えて、家庭内でも教育玩具や幼児教育教材を使っての新しい育児活動に忙しい。しかしこれは従来の自律的な家庭教育のコンセプトからは大きく隔っている。

親たちは就学前には、子どもの不登校を恐れ、それを乗り切れる見通しが立つと、子どもの成績、テストの点数とクラスでの順位に関心を移し、予習・復習をきちんとしているか、悪い子と遊んではいないか、ちゃんと塾に通っているか、忘れものはないかと、細かく目を配り、

PTAにも積極的に顔を出し、担任の先生とも適度におつきあいを……と多忙である。このような、子どもの教育に熱心な家族を「教育家族」と呼ぶとすれば、それは「家庭教育」の解体と同義であり、学校化社会とは学校化の家族までの浸透であり、家族の学校化であるとしてとらえることができよう。

こうして「学校化社会」と「教育家族」の出現は、相互に深く連関しており、一方は他方の従属函数的（共依存的）関係だといってよい。強いていえば、家族は、子の将来を担保するものとして進学を位置づけている。その際、学歴よりも人間をと望む気持は、現実には、学歴でよりよい就職をという方向にスイッチされ、家族は、学校的価値を底支えする関係になっている。学校は「教育家族」に支えられているが、家族の価値意識の内容は、「学校的なるもの」に従属しているといってよい。

経済論理に支配される家族

そして、多くの場合、学校的価値観は、中産階層的価値意識と親和的であり、庶民の実学志向にそむく知識のつめ込み型の教育がなされ、さらに学校文化とそこでのハビトゥス（慣行）とヒドゥン・カリキュラム（隠れたカリキュラム）の網の目の中で庶民の子どもたちは低い序列に秩序づけられる運命にある。

大学入試によってコントロールされる高校のカリキュラムは、伝統主義的、教養主義的教授内容が主力を占めており、その価値志向それ自体は世俗的、経済的価値志向とは異なるものである。しかし、その学校成績は能力一般のインデックスとして機能し、経済界を中心とする一般社会も、その価値尺度に異論をさしはさまない。企業社会は、学校的価値尺度を効果あるものとして利用しつつ、会社社会の再生産をはかっている。企業が学校を従属させているのであり、「学校化社会」は仮象であり、本質は「企業化社会」にあるというべきであろう。

さらに受験競争の圧力は低所得階層にも及び、P・ウィリスの言う「独自の対抗文化(カウンター・カルチュア)[22]」の稀薄な日本社会では、学校での落ちこぼれは社会的にも低階層を余儀なくされるという強迫的意識が、学力底辺層を学校の一元的価値秩序につなぎとめ、底支えする関係をつくることになる。

こうして「学校社会化」「教育家族化」を貫き、「会社本位主義」(＝企業化社会)にいたるその全体を支配しているものは経済の論理であり、とりわけ七〇年代末から支配的イデオロギー的位置をしめるにいたった新自由主義的経済の論理は、政府・官僚の公権的公教育観に打撃を与えるとともに、学校教育を選択の対象として位置づけ直すことによって、父母をして競争と経済効率の論理(市場の論理)にまき込んでいったのであり、この企業の論理とその圧力は「教育家族」化と「学校化社会」化を促進するものであった。

こうして能力主義競争が支配的になるなかで家族は、その社会的圧力(ストレス)の防波堤的機能を果すよりも、その補完物として、企業化社会を支え、学校化社会を支える役割を負うこととなってきている。

日本社会が会社本位社会といわれるとき、それに家族をもまき込んでの会社への帰属意識によって支えられているのであり、学校化社会は、教育家族の出現がこれを底辺から支える関係によって保たれており、さらに、企業社会の価値観は学校化社会のそれと等式で結ばれることによって、全体として、同調的競争主義社会としての会社主義社会が完成するといってよい。

五　開発政策と地域の変貌

地域社会は子どもの発達環境であり、学校のあり方の規定要因である。

日本の「企業社会」は、地域を掘りくずしながら成長していった。

この間の変化を簡単に、歴史的にたどっておこう。

日本の高度経済成長は、国土開発計画にもとづく新産業都市づくりと農業基本法をてことする農業の集約化によってすすめられたが、それは、都市と農村のそれぞれのあり方を大きく変え、とりわけ、地域の共同体の変貌と、喪失の過程でもあった。それは、山や川、のどかな田園風景といった従来の自然と人間の素朴な関係を失わせていき、地域共同体の横の人間関係を著しく弱めることになった。

国土開発計画の歴史をふりかえれば、一九六〇年代のはじめから始まる臨海工業地帯の形成を目的とした一全総(一九六二年)は、多目的ダムやコンビナート建設によって日本の海岸風景を変え、一九六九年の巨大開発中心の二全総は新幹線・高速道路・航空・マイクロウェーブ網などの巨大交通・通信ネットワークづくりの構想であり、それに地域分業体制とそれをつなぐ交通革命を求めるものであった。だが、地域の変貌、公害の拡がりに危機意識をもつ住民パワーの前で、革新自治体の拡がりとともに巨大開発計画は各地でストップさせられた。

石油ショックと低成長への対応として提起された三全総(一九七七年)は「地域の特徴を活かしつつ、歴史的、伝統文化に根ざし、人間と自然との調和のとれた」総合的環境づくりをめざすとされた。それは水問題を強く意識した計画であり、水系ごとの定住圏構想による新しい地域づくり、環境・福祉を重視する計画でもあった。この計画はしかし、現実には福祉型構想よりも、先端企業誘致、テクノポリス構想として、企業社会の利益優先となって挫折、八〇年代に入ってからは「二一世紀を展望」しての四全総(一九八四年)が策定される。それは新自由主義経済理論を背景に企業社会の展開をうながすものであり、宮本憲一は四全総の「中間とりまとめ」を評して、「その基調はあきらかに三全総の福祉国家型ではなく、技術革新による新たな発展段階を予測した企業社会の爛熟をねがったものになっている」とのべている。[23]

この四全総とあいまって、一九八〇年代には日本型企業社会が全面的に展開され「大企業にあらざれば人にあらず」的意識も拡がり、日本型企業社会が、企業序列的価値意識を拡げることにもなった。同時に、地域に進出する大企業は、あくまでその出先きであり、その地域においては一つの租界として、地域の関係を切断したところでの独善的生活空間をつくり出すことにもなる。

この間、農業協同組合(農協)の変質も著しい。いわゆる住専問題はこのことを白日のもとにさらすものであった。本来、農協は、地域の農業を基盤に組合員農家の協同活動を励ますことを通して農業とくらしを守り、ゆたかにしていくことを任務とするものであったが、七〇年には政府農政の伝達機関として上からの統合機能が強化され、また、農協が農業基盤を守るというよりも、自由化政策のなかでの農家の切り捨てと農業再編のエイジェントとしての役割を負い、またそれ自体が営利主義的に金融部門活動にも手をのばしていくことになる。農協は実質的な国政の出先き機関として、また、バブル経済を支えた一大エイジェントと化していったのである。

六　改革の方向はこれでよいか

経済界の目ざす「教育の自由化」

以上みてきたように、経済大国日本は、会社本位社会あるいは日本株式会社、そして企業国家といわれるように、企業と国家が結びつきを強めるなかで発展し、その結果、労働者は企業内に囲い込まれ、能力主義管理のもとで競争を強いられ、農民は自由化と農業切り捨て政策のなかで、これまた激しい競争に追い込まれ、地域はこわされ、その自治は根だやしにされていった。

そこではまた、教育制度は、人材リクルートのための競争と選別の機能のための制度として、企業社会に従属するものとなり、家族は教育家族としてそれを下支えすることによって、家族もまた競争メカニズムのなかに巻き込まれていくことになった。

企業家自身、経済発展がこのような事態を引き起してすすむことを予測し、計算していたわけではなかろう。しかし、この現実を見据えれば、それが人間性を喪失させる社会であることは、誰の目にも明らかになってきている。それを警告する論調も増えている。

その問題の焦点に「教育」があることも多くの論者に共通している。戦後経済の五〇年をまとめた橋本寿朗の労作はこの最後の節を「経済成長のコスト――地域、家庭、そして教育の問題」としてまとめ、日本の企業システムの建て直しのために、トップマネジメントの育成・選抜方式から新規採用方式のあり方、企業内教育、人事考課の評価基準の見直しに取り組まねばならないとのべ、「これらの改革が教育における人間性重視への変革にプラスになることを願うのは私だけではあるまい」と結んでいる(24)。

一九六〇年代の高度成長は、企業内での人材開発と管理のための能力主義と併せて、競争と選別の教育を強力に推進することをワンセットに進められた。

低成長期に入ってからは、行財政改革の一環として、自由化論という名の規制緩和が主張され、教育の商品化が進むが、八〇年代に入って、中曽根内閣の「戦後改革の総決算」の方針のもとに臨時教育審議会議が組織され規制緩和と個性化が説かれ、教育の民営化、商品化、そして「商品としての教育」の「選択の自由」が進められてきた。労働力の流動化を求める産業界をバックに、生涯学習社会への転換提言も華々しく主張された。

これらの路線は、しかし、日本社会の企業社会化をすすめこそすれ、それをチェックする原理ではなかった。教育をめぐる情況は、学校五日制実施にともなうカリキュラムの過密化、「新学力観」のたてまえと現実の矛盾、いじめ、不登校のいっそうの増加、教師の体罰と、それを支持するPTAの動き等々事態はいっそう深刻化しているようにみえる。このような流れのなかで、一九九〇年代に入って、大学改革を含む教育改革提言が、経済界のなかからもつぎつぎに提案されているが、その背景には、経済界が従来の日本型会社主義と、そこでの教育の行きづまりを感じているということがあるからに他ならない。

経済同友会の「「選択の教育」を目指して」(一九九一年六月)は、そのことを明確にこうのべている。

「これまで優れた成果を上げてきたわが国の教育であるが、こうした時代の転換点にたつ中で、現在の教育の理念や制度・体系と社会環境とのギャップが一段と明確になりつつある」。

また同会は高等教育のあり方に対しても危機感をつのらせて、改革提言を行なっている。その「大衆化時代の新しい大学像を求めて――学ぶ意欲と能力に応える改革を」(一九九四年四月)には「大学の大衆化が大学における教育の質や研究の水準をかえって低下させ……偏差値競争が教育の「病理」を深刻化させるという弊害」を生んだとのべ、「われわれ産業界の責任も又極めて大きい」と反省している。

そして、その改革の方向は「生徒の選択の自由の拡大」を中心に「学区制の緩和・撤廃」「小学校からのカリキュラムの大幅自由化」「多元的・複線的教育体系」の実現をめざすとされている。

経済同友会はこの「選択の教育」の提言をさらに具体的に展開するべく、一九九五年には

「学校から〈合校《がっこう》〉へ」を提言し、「基礎基本の学校」と、生徒が、その興味関心に応じて、自由に選択できる「自由教室」「体験教室」を組み合せる「合校」の構想を打ち出した。[25]

経団連もまた一九九六年早々、その将来ビジョン『魅力ある日本』(一九九六・一・一六)を発表したが、その冒頭で、豊田章一郎会長はこうのべている。「戦後半世紀、国民の多くが現在の生活に満足しているとの見方がありますが、私は、日本のこれまでの経済発展を支えてきた政治、経済、社会のシステムが様々な面でゆきづまり、社会全体に活力や方向感覚が失われつつあることを強く感じます。……今日の日本が直面する問題の根本を直視せず、単なる対症療法に終始し抜本的な対応を怠るならば、日本の将来は危ういと言わねばなりません」。[26]

そこでの未来ビジョンとして、「活力あるグローバル国家」「世界から信頼され、尊敬される日本」が掲げられている。そして各論では、とくに一章が「創造性を引き出す人材育成システムを確立する」に当てられている。そこでは従来の教育について、「平均点は高いが、画一的、横並びで、自ら目標を設定し、自ら解決することが不得手な人材が多く輩出された」と、その問題点を反省し、「主体性、自己責任の観念、独創性を備えた、創造的人材」を育てるために、具体的教育制度改革として「多様な教育ニーズに応える、多峰型の教育体系の構築」をあげ、企業は、「個人の意欲と能力を引き出す人事・雇用制度を構築する」とのべ、「従業員の意欲と能力を引き出す、弾力的で、複線的な人事制度、多角的な評価システム」をつくり、「多様な個人が職業生活を通じて自己実現を行うことができる柔軟な企業組織」が目指されている。その改革の焦点がここでも高等教育(大学)にあることも指摘しておこう。

ところでその企業に市民社会はどのように関連するのであろうか。その第五章には「企業は、真に豊かで活力ある市民社会づくりの中心的な役割を担うとともに、国際社会から信頼される企業市民となる」とあり「従業員、株主、地域住民、社会、自然等との共生を図」り、「新しい時代に合ったライフスタイルや経済システム、ならびにその実現のための政策や制度づくりを企業自ら提案している」と自讃しつつそのイメージをのべている。(27)

大競争時代の「企業市民」構想

この提言は本章で論じてきた会社主義社会からの脱却の模索に見える。果してそうだろうか。その状況認識の大前提に今日を「大競争(メガ・コンペティション)時代」ととらえ、それへの対応策として考察している点に、問題があろう。その転換の目標イメージとして企業は地域のお客さんではなく、地域づくり、市民社会づくりにも積極的に参加することによって、地域住民との「共生」をめざし、積極的な政策提言や制度づくりを行なう意欲を示しているのだが、このことによって、地域をも含み込んだ企業社会化が進行することが予測されよう。「企業市民」という用語法にも無気味さが感じられる。トヨタを中心として豊田市が生れ、豊田市民が生活している地域が日本の地域の代表的な将来像ということになるのであろうか。

通商産業省も『21世紀への日本経済再建のシナリオ』で将来ビジョンにとりくんでいる。(28)

そこでは「世界経済は本格的な大競争の時代に入っている」ととらえ、経済のグローバル化・ボーダーレス化にあって、いまや企業が「最適な事業環境を求めて国を選ぶ時代」に入ったとのべ、初・中等教育から個性・独創性をのばす教育とそのための「飛び級」や「単位制高校」の増設、大学においては入学資格・試験の自由化・弾力化の推進、教員の任期制の導入、外国人教員の任用等による大学の活性化をうたい「高度な専門的な知識・技能を有する人材（スペシャリスト）」の確保の必要をのべ、また、「ビジネスに直結した講座の導入や、産業界との連携強化等新たなニーズに沿った取組みを早急に進めることにより、新規事業に挑戦する人材の育成を図ることが必要である」とのべている。(29)

労働の流動化を求める経済界は生涯学習にも熱心である。すでに臨教審は、第二部を中心に生涯学習社会建設構想を提起していた。そのオピニオンリーダーであった高梨昌専門委員は、改革課題をこうのべていた。

「今日の教育改革の最大の課題は〈人生八〇年時代〉という高齢社会を迎える中で、技術進歩を伴う大規模な産業構造の転換による産業社会の変化、家庭や地域社会の変化など社会・経済の激動期において、人間一生涯にわたって社会変動への不断に適応できる生活能力を維持し培養するためには、いかなる教育サービスが必要かという点であると私は考えてきた。臨教審の第二次答申で打ち出された〈生涯学習社会の建設〉こそが、私の最大の問題関心であった」[30]。

この生涯学習の制度は、誰がどのように準備し、市民はどのようにそれにかかわるのか。生涯学習の分野ではカルチュア・センター等や専修学校＝各種学校等の充実が図られねばならないが、しかしその中心は、企業であり、企業の教育力こそが生涯学習においては全面的に活用されることが期待されている。企業は職業訓練のためのＯＪＴを活用するが、さらにＯｆｆ・ＪＴが個別企業のわくを越えて活用されねばならない。個別企業は「学習企業」とならねばならぬが「企業社会」全体が生涯職業能力開発をめざしての「生涯学習社会」となることが目指されていた。「学習企業」が新たなキーワードとなってきたのである[31]。

「学習企業」はしかし、個別の会社を軸とする企業本位のＯＪＴの強化を意味するものではない。むしろ終身雇用と年功序列の日本型会社社会の転換の必要をみとめざるをえなくなった企業社会全体が、その転換を意識しての人材開発政策である。それは従来の「企業主導型職業能力開発の充実・改革」に加えて「個人主導型職業能力開発の推進」を図ることが目指されているのである。個人主導型とは勤労者が、その自発性を生かして、自らの再学習・再教育の機会を生かすこと、そのためには、勤務条件、学習の機会、再就職のチャンス等についての総合的な施策が求められる。いわば、「総資本」による「学習企業社会」化へのとりくみが志向されているのである。それは労働力の流動化及び終身雇用の見直しとワンセットである。

このことは個々の勤労者にとっては、一つの企業に囲い込まれることによる抑圧的心性から解放されるが、しかし、それは一企業において、つねにスクラップ・アンド・ビルドの圧力となり、労働生活がいっそう競争的になり、OffJTによる自己開発もまた競争のため、新たな資格取得のためというインセンティブのもとでの学習社会であり、その費用は当然のこととして受益者の個人負担を原則とするものと考えられている。このような個人主導型職業能力開発は自らの時間と生活リズムをとりもどすための「ゆとり」と結びつく研修とはほど遠いところにあるといわねばならないだろう。(32)

七　求められる改革

私たちは、前節でみてきたような、経済界主導の、日本社会の改革ないし再建構想にどこまで期待をもつことができるのだろうか。

阪神・淡路大地震は、その安全性神話をつきくずし、オウム問題は、現代人の知と信仰のあり方の問い直しを求めるものであり、住専問題は、つくられたバブル経済も、その崩壊も、今日の経済と政治の仕組みに問題があることを白日のもとにさらすことになった。

利潤と効率を求める経済システムではなく、ともに大地に共生し、協同・自治の精神で、人間的ネットワークをつくることを根幹におき、人間にとっての労働の意味と学びの意味の回復をめざす新しいシステム（あるいはもう一つ《オールタナテイブ》のシステム）が模索されはじめている。内橋克人《うちはしかつと》の近著『共生の大地――新しい経済がはじまる』(33)が多くの読者を引きつけていることもこのことを物語っていよう。

新たな道を拓くためには拠点が必要であり、そして道しるべをつけつつ歩き出すことが必要である。その拠点と目印のいくつかを紹介しておこう。

地方自治と地域の再生

戦後日本社会は、一九六〇年代以降、農業基本法（一九六一年）による農業の集約化をてこに、農村型社会から都市型社会へと移行し、新産業都市を含む列島改造計画にともなう地域の乱開発と公害・環境問題への着眼の拡がるなかで、地域の活性化、再生が求められ、シヴィル・ミニマムを求める運動とともに市民自治の重要性が自覚されてくる。東京、大阪、福岡、あるいは横浜、神戸など、大都市圏を中心に革新自治体が誕生したのもその頃であった。

新憲法には、「地方自治の本旨」がうたわれているが、その精神は長い間放置されてきた。教育の地方自治に関しては「教育委員会法」（一九四八年）は制定されたが、それが十分に根づかぬうちに、「地方教育行政法」(一九五六年)の制定によって教育委員会法は廃止され、公選制の教育委員会は任命制に変わるという、自治の精神に逆行する大きな変化がおこっていた。このような動きが逆に自治の重要性を市民に自覚させる役割を果すことになったともいえよう。

「憲法は変れども行政法は変らず」とは、O・マイアーの名言であるが、いみじくも六〇年代の半ばに戦後日本の行政法学を代表する田中二郎(元東大教授、最高裁判事)は、戦後の行政法理論が、「国家以前に自治体あることとなし」とする「美濃部理論に代わるべき確固なる通説というべきものは、未だ形成されるに至っていない」「今日では、単に行政法の部分的な解釈理論の修正又は転換にとどまらず、これらを総合して、行政法全体を理論的に再編成すべき時期に到達している」とのべていた。(34)

この反省が書かれたのが六〇年代の末、革新自治体花盛りの時代の中での、行政法学の泰斗の率直な反省だといえよう。象徴的にいえば、美濃部達吉理論がその息子の美濃部亮吉東京都知事の実践によって克服されていく時代であった。

こうして、地方自治の潮は満ちはじめていった。七〇年代のピークには当時の市の三分の一(一三〇)に革新市長が誕生した。その後、革新自治体は退潮に向ったが、八〇年代には、市民の自治意識は公害問題や環境問題、あるいは情報公開を求める運動等、多様な要求にもとづくシヴィル・ミニマムの要求、さらに市政への参加要求となって大きく展開されており、その力を背景に先駆的な自治体が積極的に市民参加と自治体改革にのり出すようになり、わが国にも、ようやく市民社会と市民自治の観念が現実のものとなりつつある。国の委任事務所のイメージと結びつく地方公共団体は、ようやく市民の信託をうけた市民の政府としての自治体として生まれ変ろうとしているのである。(35)

農村のうごき

地域の乱開発は、農村、漁村の風物を一変させ、地域共同体の人間関係をつきくずしてすすめられていった。

これに抗して、農村地域を主体とする「内発的発展」への期待も高まり、その力で都市とどのような連繋・連帯の関係をつくりだすかが、地域の再創造をめざす動きのなかで模索されてきた。「都市と農村がそれぞれの特性を生かして、共存し、連帯するというのが、二一世紀へむけての国土の構想である」(宮本憲一)。(36) 企業社会の圧力に抗して、地域の経済、社会、文化をどのように守り育てるか、そこで新しい人間関係をどのようにつくっていくことができるかが、課題として自覚されていったのである。

そこではまた、地域と職場をどう生き生きとした生活と労働の場として再生させるか、その方策を具体的に見出すことが鍵となる。

このようなうごきの中で、人間的共感や共同性の回復を求める要求もまた、強く自覚されてくる。勤労者の「全面発達要求」や「民主的な統治能力にかかわる要求」がその生活基盤を通して自覚され始めたといってよい(37)。

中小企業家たちの組織である「中小企業家同友会」の人間味のある企業づくり、職場づくりへのとりくみも注目される(38)。ここではいわゆる企業内教育よりも人間としての学習権保障を課題にしている。

この間、地域自治についての考えも発展してきている。それは人間活動を、その全生活に即して多面的にとらえることを軸に、地方自治体、協同組合、労働組合、住民組織のそれぞれが、地域自治を担う活動として位置づけられてくる。そこからまた「住民の全面的発達保障をめざす福祉政策」が求められてくる。この問題にとりくむ重森暁《しげもりあきら》はこうのべている。

「われわれはここで社会的権利としての全面福祉をさらに発展させて『発達保障福祉』とでもいうべき理念を積極的にうちださなければならない。これは、すべての人間の人格的独立と、民主主義的諸関係の達成と、生涯にわたる発達を保障するような福祉政策である。……子どもから老人まで、それぞれの世代の人々が、それぞれの発達段階にみあったかたちで地域づくりの主体として登場してくるような、そのような発達福祉政策の展開こそ、いまもとめられていることなのである(39)」。

地域づくりと地域文化

地域の問題は中央(国)に対する地域の自治の主張とともに、企業による地域支配に対する環境、文化、生活防衛の問題である。

すでにみたように、企業社会は、その主導権のもとでの地方文化への関与に、その再生の道を求めているが、それは新たな欲望の創出と消費市場の拡大を求めるものに他ならない。文化をエンジョイする権利は、市民・住民の自治と参加によって可能となる。それは企業の論理をチェックし、コントロールするものであり、「企業市民」(経団連)という得体の知れない怪物の意に従うものであってはなるまい。

かつて国が地域を地方化したと同様、今度は企業が地域を支配し、地域文化を根だやしにする危険が生まれつつあるのである。

そのような動向に抗しての新たな文化協同による地域づくり、地域おこしの運動も活発である。佐藤一子の「文化協同」を主題とする一連の研究には飯田市や岸和田市の事例に即して、あるいは、埼玉北部市民生協や灘神戸生協の生活文化センターや鶴岡生協教育活動センターの事例に即して、地域文化の協同創造の動きが詳しく報告されている。[40]

これらの運動は、佐藤も指摘しているように、生存権を、「よりよき文化的生存を享受する権利」であり、「芸術や生活文化、健康、自然の美や都市環境の快適さにたいする権利を内包するもの」ととらえている。この考えは生活権と教育権の理念を含む、その延長上にあるものとしての「文化的基本権」[41]（小林直樹）とも響き合い、憲法二五条（生存権）と二六条（教育権）を一三条の幸福追求権に重ねながら、文化的基本権の思想が深められていることに注目したい。

また島田修一編の近著『生涯学習のあらたな地平』ではオールタナティブ・ソサエティ（いまに代る新しい社会）をきずく生涯学習の広がりと発展を地域の協同組合や福祉活動に即して紹介、分析し、「学びがくらしを問い、くらしが学びをまた問い返す」という関係の中で「消費としての学び」ではなく、「生きる力となる学び」が創られていくことが説得的にのべられている。[42]その学習要求は多様であり、かつ質の高いものである。これはそのまま、現代の学校のあり方を問い直す視点ともなっている。

それはまた、国際的な人権思想の発展とも響き合うものであり、「文化的生活に参加する権利」（国際人権規約、一九六六）や、歴史の創造への参加を含む「学習権思想」（ユネスコ「学習権宣言」一九八五）を大きな励ましとしている。

さらに、ユネスコの「平和・人権・民主主義の教育に関する総合的行動要綱」（一九九五）[43]では、「平和・人権の文化」を根づかせることが課題とされている。文化的権利は生存権・教育権と一体のものとしてとらえられ、かつまた平和・人権の文化を地域文化に根づかせることが求められてこよう。

今日の地域の問題は、国際化とワンセットですすんでいく。地方自治体自身が、国際的政策をもつ必要性と可能性が見えてきているということである。高知県や川崎市で外国籍をもつ者にも地方公務員の道を開こうとしているのは、その一つの現れであろう。日本海側の諸都市では、対岸諸国との経済・文化の交流をはかる政策を立案することが重要視されるにいたっている。あるいは、地球規模での温暖化や、酸性雨といった問題に対しても、各地域で独自にとりくまれてよい課題である。いまや政府(government)は、自治体、国、国際機構の三つに分化し、それぞれの独自性と、その相互連関が合理的に調整されることが求められる時代に入ってきているのである。自治体はシヴィル・ミニマム(条例)を、国はナショナル・ミニマム(法律)を、国際機構はインターナショナル・ミニマム(条約)をと、その策定が求められ、子ども、住民、市民の学習要求がそれぞれの参加によって計画され、それぞれが生きた学習の主体となるとき、二一世紀の希望が見えてくる。

地球時代と生涯学習

生涯学習は、地球時代ともいわれる現代社会にとっても不可欠のものであり、新しい課題がつぎつぎに生まれ、それへのとりくみが新しい国際理解と連帯の基礎ともなるような時代にあっては、家庭・学校・地域・企業のいずれもが、国際社会の大きなインパクトを受けることは確実である。

それはまた、国家の役割を相対的に低下させ、国民(ピープル)と同時に、世界市民としての自覚をうながす教育が、学校のみならず、社会教育のあらゆる分野で求められよう。

その際、さきにふれた国際的共通課題である「平和と人権の文化」をどう根づかせるかが一つの中心課題となっていこう。

世界的視野に立てば、経済成長もまた、限界が意識され、「持続可能な開発」が合いことばとなってきている。その内容は多義的ではあるが、経済成長には限界があり、それはどこまでも高く上昇するというイメージではなく、ある高さまでくれば、水平飛行こそが望ましい。つまりは、拡大再生産ではなく、再生産のサーキュレーションの中で、人間はその欲望をとめどなく開発するのではなく、「豊かさとは何か」を問い直す必要があることが、ようやく自覚されてきている。

それは人間発達においても、限りある生の中での活動と学習の意味をどうとらえ直すかという問いを必然化し、かつまた、生と結びつく教育だけではなく、いかに死を迎えるかを、学習課題として自覚させるものである。ここにも、新しい生のあり方と結びつく教育のあり方が求められているといえよう。

家庭・学校・地域・企業社会を貫いて信頼と共感を基礎とする新しい人間関係をどうつくり直すのか。

つくり出される欲望による文化の消費ではなく、共同的、公共的文化(パブリック・カルチュア)をどうつくり出し、どうエンジョイするのか。

苦役でしかなくなった学習と労働をどうすれば人間的よろこびの活動に転化できるのか、そして人間ひとりひとり、心のゆたかさをどうすれば享受できるのか、が問われているのである。

注

(1) 奥村宏『会社本位主義は崩れるか』岩波新書、一九九二年、七八頁。なお東京大学社会科学研究所は「日本会社主義」をキー・コンセプトとして現代日本社会分析を行なっている。『現代日本社会』全七巻、東京大学出版会、一九九一—九二年とくに一巻・五巻参照

(2) 奥村・前掲書、八五頁

(3) R・ドーア『イギリスの工場、日本の工場——労使関係の比較社会学』山内靖ほか訳、筑摩書房、一九八七年、二二四—二二五頁

(4) R・クラーク『ザ・ジャパニーズ・カンパニー』ダイヤモンド社、一九八一年、二八—二九頁、奥村・前掲書、一五八頁参照

(5) クラーク・前掲書、三五頁、奥村・前掲書、一五九頁

(6) 池沢辰夫『品質管理べからず集』日科技連、八七頁、『地域づくり論の新展開』自治体問題研究所編、第一三号、一九八三年
(7) 宮本政於『在日日本人』ジャパンタイムズ、一九九三年、五頁
(8) 同右、四七頁
(9) 奥村・前掲書、二一六頁
(10) 堀尾『日本の教育』東京大学出版会、一九九四年、第Ⅳ・Ⅴ章参照
(11) 堀尾「ゆらぐ学校信仰と再生への模索一九七五—一九九〇年」『講座学校2』柏書房、一九九六年、本書第四章参照
(12) 『日米中学生・母親調査報告書』日本青少年研究所、一九八五年、久冨善之『競争の教育』労働旬報社、一九九三年、五三—五四頁
(13) 『家族教育に関する国際比較調査報告書——子どもと家庭生活についての調査』財団法人日本女子社会教育会、一九九五年、二〇六頁
(14) 橋本寿朗『戦後の日本経済』岩波新書、一九九五年、二三三—二三四頁
(15) 同右、二三四—二三五頁
(16) 久冨・前掲書、乾彰夫『日本の教育と企業社会』大月書店、一九九〇年、堀尾、前掲論文等
(17) 橋本・前掲書、二三六—二三七頁
(18) 同前書、二三八頁
(19) 憲法・政治学者の渡辺治は、企業社会の教育への圧力をつぎのように指摘している。「企業社

会の持つ競争構造は、この社会のなかでなんとか人なみに暮したいと願う人びとを否応なく不断の競争に巻きこみ、「過労死」や「出社拒否症」、逆に「帰宅拒否症」や「家庭の崩壊」をひき起こしている。……こうして日本では過剰な競争の所産として独特の教育荒廃が起こっている。「いじめ」「登校拒否」「校内暴力」は、いつまで続くかわからない競争へのやみくもの反抗の諸形態にすぎない」。渡辺治『「豊かな社会」日本の構造』労働旬報社、一九九〇年、三七二頁

(20) 戦前の天皇制国家にあっては、日本の家族は、「家族国家観」のもとで国家の細胞として位置づけられ、親への孝と天皇への忠を一体のもの(忠孝一体)として、とらえられるなかで、家族は国家への忠誠心の培養器として機能した。戦時になれば忠誠の最高の形態は、戦死であり、それは個人の名誉であるとともに、「家の誉れ」として意識化させられていた。天皇制ファシズムの特徴をあげるとすればその一つは、それが「イエ」を単位としての国民精神総動員体制であった点にもとめられよう。堀尾『天皇制国家と教育』青木書店、一九八七年、第二部参照

なお利谷信義によれば、日本は戸籍制度(壬申戸籍、一八七二年)を通して近代以降現在に至るまで、家族は国家に対して自律性をもたなかった、「家制度」のもとでは「国家のための家族、国家あっての家族ということがその基本にある」、家族は「国家によって飼いならされた」のである、とのべ、さらに、「家族は現在でもなお、個性ある人間を作る場ではなく、国家のための多数派形成の手段となっている」と指摘している。『家族と国家』筑摩書房、一九八七年、はしがき

(21) 庄司洋子「家族の変容と育児・教育の変化」前掲『講座学校3』。なお生活困難層の親たちの学校への期待については久冨善之編『豊かさの底辺に生きる』青木書店、一九九三年、参照

(22) P・ウィリス『ハマータウンの野郎ども』熊沢他訳、筑摩書房、一九八五年
(23) 宮本憲一「転機に立つ国土計画――四全総」『国際化時代の都市と農村』地域開発研究会編・宮本憲一監修、自治体研究社、一九八六年、二八頁
(24) 橋本・前掲書、二三八頁
(25) 経済同友会『学校から〈合校〉へ』、一九九五年四月
(26) 経団連『魅力ある日本』骨子、一九九六年一月一六日、一頁
(27) 同右、二四、二五頁
(28) 通商産業省編、産業構造審議会基本問題小委員会報告『21世紀への日本経済再建のシナリオ』一九九五年一二月
(29) 同右、七七頁
(30) 高梨昌『臨教審と生涯学習』エイデル研究所、一九八七年、あとがき
(31) 原正敏・藤岡貞彦編『現代企業社会と生涯学習』大月書店、一九八八年、とくに藤岡「問題提起」同七―九頁参照
(32) 依田有弘「資格制度の現実と可能性」同右、所収、七三頁
(33) 内橋克人『共生の大地』岩波新書、一九九五年
(34) 田中二郎「行政法理論における〝通説〟の反省」『公法研究』第三〇号、有斐閣、一九六八年
(35) 松下圭一『日本の自治・分権』岩波新書、一九九六年。なお松下は「官治・集権行政」を「分権化・国際化」することが不可欠だとくり返し強調している

(36) 宮本憲一編・前掲書、四一―四三頁
(37) 鈴木文熹「地域職場の再生と地域関係労働運動」自治体問題研究所編『特集・地域づくり論の新展開』『地域と自治体』第一三号、一九八三年所収、参照
(38) 中小企業家同友会の活動については、例えば『時代転換と中小企業の経営戦略』中小企業家同友会全国協議会企業環境研究センター、一九九六年、参照
(39) 重森暁「民主的地域活動の再生」前掲『地域づくり論の新展開』所収、一六、一八頁
(40) 佐藤一子『文化協同の時代』青木書店、一九八九年、および、同著「生活文化と生涯学習」原・藤岡編・前掲書、所収、参照。また民主教育研究所が行なった長野県A市の地域総合調査報告書『現代企業社会と学校システム』民研「現代社会と教育」研究委員会編、一九九六年四月号は地域社会と企業の学校への期待、青年たちの進路選択の実状報告であり、地域づくりと学校づくりの結合を考える際の参考となる
(41) 小林直樹『現代基本権の展開』岩波書店、一九七六年
(42) 島田修一編『生涯学習のあらたな地平』国土社、一九九六年、二一一頁
(43) ユネスコ「総合的行動要綱」一九九五年、『人間と教育』労働旬報社、第五号、一九九五年参照
また、学校改革の基礎理論として堀尾他編『講座学校』全七巻、柏書房、一九九五―九六年、参照

第二章 現代社会と教育

――「能力主義」の問題性――

一　制度化された教育——このグロテスクなもの

「サブ・カルチュア」としての教育

教育という社会的な営みは、親の子育てに原型をもち、世代から世代へとつながる歴史の糸をつむぎ出すものでもあるが、そのありようは、時代とともに推移し、社会的関係の違いのなかで、多様な形態をとって営まれてきた。

この社会に内在する教育とその機能に関して、かつて宮原誠一が提起した教育機能の「再分肢説」は、今では教育把握の一つの常識的視座ともなっている。

人間の社会的な営みには、家族・近隣の関係に始まり、情報を介して結びつく社会的交流の活動があり、生産と消費を中心とする経済活動があり、社会活動を統合し方向づける政治的活動がある。教育はこれらのそれぞれの機能を分ちもつのであり、それはいわば社会的活動の再分肢されたものであり、教育は政治や経済のサブ・カルチュアだとする発想がそれである。

そこでは、教育機能は現在の経済や社会のあり方を再生産する機能のなかでイメージされる。この把握は、今日いっそう有効性を増しているように思える。

同時にしかし、そこからは教育を通しての新しい世代の成長と活動によって、社会が変動を孕《はら》んで存続していくイメージは浮びにくい。教育は文化の伝達＝若い世代の成長という二重性を含んでおり、それは社会的活動の基底をなすものである。教育なくしては、社会的土台、歴史の連続性の契機そのものが消失すると同時に、新しい世代を革新的契機として社会に送りこむという意味で、それは、各社会的機能の再分肢にとどまるものではなく、相対的に独自の価値と機能をもち、そのことによって社会の土台を支え、その持続とともに革新の契機ともなりうるものだというべきであろう。少なくとも理念的には、以上のような規定が許されよう。

しかしまた、現実の社会的関係のなかでは、その教育は永く政治の侍女として支配的秩序の維持のために組織され、学校制度は義務教育制度として発展をとげ、同時にその内容は、産業社会の競争を背景に、労働力資質の向上を求める経済要求と結んで方向づけられ、社会的秩序の維持と労働モラルにつながる道徳教育が重視されてきた。こうして、義務教育制度としての学校は、一方で政治的統合のために不可欠な象徴過程を担い、国家への忠誠を培う場として機能してきたが、学校制度はさらに初等教育に続く中等教育、その上に高等教育を重ねる先細りの階梯組織として整備されていき、学校は競争と選別の機能を負い、社会的選別機関《セレクター》として、現代社会の再生産メカニズムの深部にその位置をしめることになってきた。

今や学校制度という組織された社会制度を通して運営される巨大な事業《エンタープライズ》なしには、社会そのものの再生産すら不可能となってきた。

そして、かつては政治の、そして経済の、文化の、それぞれのサブ・カルチュアであった教育は、それが全体として一つの巨大な組織となることによって自己運動を始め、いまやそれは政治も経済も手におえない、巨大でいびつなモンスターと化している観がある。

肥大化する競争社会

一九七〇年代の半ばに、山形県の有名高校生が友人を刺し殺す事件が起きた。両親が教師という家庭で育ち、東大進学をめざして、単身下宿住いの生活を送っていたこの青年の事件は、ライバル殺人として話題になり、当時の朝日新聞(一九七六・八・二六)は「受験亡国のきざし」と題する社説で「このままでいけば、若者たちの心は救いようもなくすさんでしまう。いつまでもこんなバカげた事態はほっておくわけにいかない。ものの考え方を変えなければならない」とのべ、人間の価値についての考え方の転換が必要であることを強調していた。

それから二〇年が経つが、事態は改善されるどころか受験競争と偏差値による序列化はいっそうきびしさをまし、多くの青年たちの価値観を支配している。実はこの一九七〇年代の後半こそ、低成長下の経済社会が進路問題に深刻な影響を与え、受験フィーバーと「乱塾時代」の幕明けとなったのである。

さらに一九七九年からは共通一次試験も加わって、入試制度を中心軸に自動運動を続ける学校制度は、一段とそのグロテスクさを増しているように見える。〈教育とは、子どもひとりひとりの可能性を十全に成長・発達させるための、古い世代の新しい世代に対する意図的な働きかけをいう〉といった教育の規定が、現代の「学校教育」の実態から離れた、空疎なことばにも思えてくる。

その現実は、例えば四十数万の青年たちが全国の大学と高校で、いっせいに大学入試センター試験なるもののマークシートを黙々としてぬりつぶしている様を想像してみればよい。いまや、大学入試は、巨大な社会的事業なのである。それも、国（文部省）の指導のもとで私立大学をも呑みこみ、大手受験産業と大型コンピュータの協力なしには機能しない仕組みになっている。受験生たちは一斉に自己採点による結果を大手受験産業に報告し、そこがはじき出す難易度や足切り点の予想とアドバイスに従って出願校をきめる。受験生の多くは自分の将来の専門よりも、まず自分の偏差値にふさわしい大学を選び、学部を決める。法・経・文・教から理工系に及ぶ複数受験はザラである。

その結果は、最終的には偏差値に換算され、全国大学・学部の難易度一覧表ができあがる。それは次年度の受験生の進路選択の参考資料（データ）になる——というよりも、それそのものによって進路が決定されていく。

この様子を人間行動分析の対象として見た場合、受験生には気の毒だが、受験が、個性ある青年たちの一つの自己表現・自己選択、したがって自己決定の機会だとはとても思えない。

受験塾は、すでに中学受験から、合格者の顔写真を載せた新聞広告でその成果を誇り、国立・私立の中学受験の合否をクラス全員の前で報告させる小学校も現われている。まだ一二歳の少年が、人生の勝利者然と笑顔をつくって新聞広告にのり、失敗者はクラス全員の前で屈辱感に耐えるといったことが、彼ら自身の将来にとってよいはずはない。

過熱する受験競争は、同時に、いじめや登校拒否といった学校社会の病理現象を拡大しつつ進行しており、このような状態に対しては誰もが改革の必要性を感じている。

とくに一九七〇年代末から八〇年代を通して、拡がる校内暴力、いじめ、登校拒否を背景に、日本教職員組合に依嘱された第二次教育制度検討委員会(会長・大田堯)が一九八三年には教育改革の報告書をまとめ、一九八四年には政府は内閣直属の臨時教育審議会を発足させ、教育改革は、保守革新を問わず、全国民の課題としてクローズ・アップされ、父母・国民は、せつない期待を抱いてその審議と改革の行方を見守ったのであった。

日教組改革案が「教育の自由」を強調し臨教審が「教育の自由化」論を喧伝していた頃は、その「自由」ということばに共通項をもった「国民的改革」の可能性があると期待した人たちも多かった。

しかし、現実に進行しつつある「教育改革」は、それが成功したとはとても思えず、逆に事態はますます悪くなっているのではないかと思われる。いじめ、登校拒否といった学校社会の病理の統計的指標をみても、悪化は明瞭である。校則と体罰による管理教育はいっそう拡がっているようにみえる。教師自身、初任者研修から始まる各種研修体制に自由を失い、学習指導要領の法的拘束力を認め、教科書使用義務を有りとする最高裁判決(伝習館高校事件、一九九〇・一・一八)は、学校と教師の自由な精神を励ますどころか、逆にその意識に枠をはめる効果をもつ。日の丸・君が代の強制は、日本のナショナリズムの方向性を示して無気味でもある。天皇の戦争責任を問うた本島長崎市長が右翼のテロにあい、教職員組合主催の教育研究集会の会場が、予想される右翼の攻撃と混乱を理由に、一旦認めた会場の借用認可が取り消されるといった動きは、世界の動きに逆行して、日本の将来がその精神の自由度においてますます厳しくなるのではないかと案じられる。これらの動きからは、学校が不自由なのは、学校と教師の責任であるよりも、社会全体の動向の反映に過ぎないのではないかと思われてくる。

学校化社会の病理

しかし、私たちは、ここで学校の問題を社会の問題として投げ返しただけではすまされない。学校の病理が、社会の動向とその病理と深く結びついていると同時に、学校社会がそれを増幅させ、あるいはその〈場《シャン》〉の独自のシステムがつくるメカニズムによって生じてくる病理もまた無視しえないからである。

今日では〈学校化社会〉(schooling society)という表現が示しているように、学校は社会の一つの機能を分担しているというよりも、社会全体が学校化され、そこでの学校の機能が問われている。それはまた、企業社会が学校制度を企業社会の再生産のエイジェントとして包みこんでいるということでもある。だからまた学校解体や脱学校論の学校批判には、一定の根拠があることも確かである。それほどまでに学校教育の機能が肥大し、全体としての社会は、それを接合・包摂してはじめて機能し、それはさらに社会全体の学校化を生み出しつつある。〈生涯学習社会〉という公認された表現の実態が、その生涯を学校的なるものの枠組みにとりこみ、その社会がそのまま〈学校化社会〉に転化しないという保障はない(前章参照)。

社会全体の過剰なほどの学校化は、〈学校〉なるものが、学童にとって行かねばならぬ場所、そこでの競争と序列づけに耐えねばならぬものとして、彼らの意識下の世界に、いわば強迫症的な心性を刻みこむ。さらに〈学校〉を終えても、社会全体が生涯学校化しているところでは、学ぶことは、喜びとしてではなく苦痛として、しかも生涯それを続けるべきものとして、その社会に生きる人間全体の心性を方向づけ、その社会的特性(ソーシャル・キャラクター)をも強迫神経症的なものとして刻印づけていく。

私たちは、このような病理に対して、正確な診断とそれに適合した切開手術を必要としている。診断の誤りは致命的であり、診断と治療の齟齬《そご》は悲惨である。現在の教育改革の誤りは、その両者を含んでいるように思われる。それでは私たちは、現在の教育の病理に対して、どのような診断を下せばよいのだろうか。

二　能力原理《メリット》の歴史的展開と現代的問題性

人間評価と社会的価値配分の原理としてのメリット

現代教育の病理は、現代社会の主要な構成原理となりつつある能力主義(メリトクラシー)と競争の原理と深く関係しているように思われる。そこでこの原理について考えてみよう。

学生に、「諸君は能力主義ということばを聞いて、それをプラスシンボルと感じるか、マイナスシンボルと感じるか、あるいはいずれかよくわからない感じであるか」と問うとその反応は、大まかに三分の一ずつに分れる。一般にもそれと同様の反応が返ってくることだろう。このことはこの能力主義なるものの今日的問題性を、感覚的レベルでよく示しているように思われる。それは、能力主義が歴史的に果してきた役割、その思想的コンテキストを想起すれば理解できることだ。

この能力主義の歴史的起源を問えば、それは近代にさかのぼる。「能力の原理」は、近代革命のさなかに、身分や血統に支配された旧秩序への批判の原理として登場し、その限りでは平等の原理と親和的でさえあった。たとえばちょうど二〇〇年前のフランス人権宣言は、その第六条に「すべて市民は法の上からは平等であるから、その能力に応じかつその特性及び才能以外の差別をのぞいて平等にあらゆる公の位階、地位及び職務につくことができる」とあり、一七九三年憲法にも同様の趣旨の規定がみられる。

そこには、身分や血統による差別の排除とともに、能力に応じての社会的価値の配分の原則が示され、その才能に応じて社会的処遇が異なるのは当然だとされていた。そしてその主張が当面する対決物が、身分や血統による秩序の原理であったことも明らかなことである。したがってまた、〈能力〉は、身分や血統に対する新しい秩序の原理として位置づいていた。

しかし、現実の歴史においては、K・マンハイムの『変革期における人間と社会』での指摘にもあるように、身分・血統に代るものとして財産の原理が支配的になり、さらにそれに代る能力・業績の原理が支配的になってくるのは、ようやく一八七〇年代に入ってからであった。それは、いわゆる「基本的民主化」がそれだけ前進したことの表われではあったが、同時に産業社会の高度化は、高度の組織化の時代へと入っていき、その社会システムの有機的な関係づけと、社会的価値の配分原理として、能力・業績の原理が浮上し、さらにそれを競い合う競争の原理が支配的になっていく時代に入ったことを意味していた。

イギリスのM・ヤングはメリトクラシー(業績主義、能力主義)ということばをはじめて使って現代社会の批判的分析を行った社会学者であるが、彼はその著『メリトクラシーの勃興(The Rise of the Meritocracy)』の副題に「一八七〇年から二〇三三年まで」と付したことが示唆するように、この書は、この原理が、一九世紀末を起源とし二〇世紀からさらに二一世紀に及んでますます支配的になるなかで、得体の知れない社会システムにまで自己増殖的に肥大していく様を描いた警世の書でもある。

一八世紀に、自由と平等を求める革命の原理の中に位置づいた能力の原理は、一九世紀末以降現実の人間評価と社会的価値配分の原理として機能しはじめることによって、新しい差別の原理へと転成し、二〇世紀末の今日において、それはグロテスクなまでに肥大しているのである。

思えば一八七〇年代とは「近代」がその中から異質なものを生みだし、社会が大きく転成していく時代であった。

このことを、E・H・カーはつぎのようにのべていた。

「新しい社会層が勃興して、国家の正式な成員になったことは、西欧・中欧を通じて一九世紀の最後の三〇年間の特徴であった。それを示す標語は、工業と工業技術の発達、都市人口の数と重要性の増大、労働者組織と労働者の政治意識との成長、普通義務教育の導入および選挙権の拡張であった。このような変化はかなり以前に始った一つの発展の途上における必然の段階のようにみえたが、しかもたちまちのうちに国家政策の内容に革命的な変化を与えはじめた」。(1)

引用者が傍点で強調したように、それ以前に起った変化がこの時期に、社会の全面にわたっての、質的な変化を帰結したのであった。そしてこの国家が帝国主義国家として、あるいは福祉国家として経済や市民社会の全面に介入をはじめる仕方での「国家政策の革命的な変化」は、社会の組織原理それ自体の変化――それは、自立した市民による社会(市民社会)から有機体的な国家社会への変化――と対応するものであった。国家機能の拡大は官僚制の拡大を必然化するが産業の高度化・巨大化・独占化は、産業の経営・管理の官僚《ビューロクラシー》化をもたらし、社会全体の有機的構成=官僚化が高まるなかで、その社会の価値の配分原理であり、その社会の再生産原理でもあるメリットの原理(能力と業績と競争の原理)が、クローズ・アップされてくるのである。

さきのM・ヤングは、メリトクラシーの指標として、イギリス一八七〇年代の義務教育制度の成立と、官吏任用における公開試験制度の採用をあげたが、教育制度的指標としては、この時代は義務教育制度を第一段階とする階梯的学校制度(ラダーシステムとしての学校制度)への移行の始期に当り、さらにまた、社会教育も、普通選挙制を与件としての国民統合の観点から重

視され始める時期だということをつけ加えておこう。(2)

このことは同時に、社会的価値の規準が、個性原理を重視した市民社会的価値から離れ、組織化が進んだ社会における支配的な集団的価値を中心とする価値の序列化(ヒエラルキゼーション)がすすむことを意味していた。

この時期はまた、一方でヘーゲル哲学が再評価され、その国家哲学が、市民社会理論の転成のイデオロギー的武器としての役割を果す。さらにまた進化論とその自然淘汰の理論は、社会理論に適用されて優勝劣敗弱肉強食を容認する帝国主義のイデオロギーとなり、社会の有機的構成の高まる中で競争の原理が強調され、他方では、社会という一つの有機体のなかでの分に応じた満足をすすめる分限思想が拡がっていく。社会も生物同様、頭があり手足がある。頭は頭として手足は手足としての機能を果すことによって全体が調和して生きているのだという社会イメージが再生産されていく。

一方で競争をあおりながら、他方でその過熱化を防ぐため「分に応じる」イデオロギーが強化されるという構造になっているのである。

こうして競争と優勝劣敗は自然の摂理であり社会の原理である、とする社会思潮を背景として、メリトクラシー(能力と業績と競争の原理)はまさしく、競争のもとで、能力と業績に応じて人間が評価され、社会的価値が配分されるという社会の原理となっていく。

さらに、一九世紀末に、ヨーロッパ諸国が、帝国主義的植民地分割をすすめた際の人間観は、民族には能力差があり、有能な民族が劣等民族を支配するのは優者の責任であるとする意識であった（セシル・ローズ）。そこではまた「ニグロは人間に値しないがゆえに人権は適用されない」（ジュール・フェリー）とされたのだった。国内における能力・業績主義は、国際的には帝国による植民地支配の論理と同型であり、その適用の対象が人間（労働者）から民族に転移されたものであった。

メリトクラシーと〈知〉の序列化

能力主義は企業社会を包んでの社会の官僚化傾向と深く結びついている。官僚機構は、少なくともその人事採用の方式として、早くから公開試験制度をとり、公正な競争試験によって広く人材を採用することを原則としてきた。その昇進も、年功から業績を軸とする方向へと大きく変わりつつある。加えて、情報化社会の出現は「知識」の有用性を促進し、情報知が競争の勝敗を分ける時代に入ってくると、情報知をどれほど多く蓄積し、時に応じて対処できるように管理するかが大きな課題となる。情報産業の重要性の増大とともに、知を管理するテクノクラートが力をもってくる。このような知を管理するテクノクラートが優位に立つ社会をピエール・ブルデューはエピステモクラシーと呼んでいる（一九八九年一〇月東京大学での講演）。

ダニエル・ベルの現代社会認識も知が権力をもつ社会という点で重なっている。ベルはそのことを肯定的なトーンでこうのべている。

「脱工業社会では、技術的能力が権力の基盤に、そして教育が権力への接近様式になる。このようにして台頭する人々(あるいはこの集団のエリート)は科学者である。[3]」――脱工業社会においては何よりも重要なのは、単に新しい権力基盤が財産あるいは政治的規準から知識へと移行したということではなく、知識そのものの〈性格〉が変化したということである。現代では、社会において決定的要因になるのは、〈理論的〉知識の果たす新たな中心的役割であり、経験主義に対する理論の優位性であり、さまざまに異なる環境に翻案可能にするための、知識の抽象的なシンボル体系への集成化である。現代のあらゆる社会は革新と成長によってその生命を保っているわけだが、その革新の母体こそは、理論的知識にほかならないのである[4]」。

ところで、さきのヤングは、二〇世紀を通して人間能力の中心が知的能力におかれるようになり、それがIQによって測定され序列化されていくという筋道で、メリトクラシーの社会を描いている。そこでは、IQの尺度によって序列づけられた学校、教師、生徒の姿が痛ましくもこっけいに描き出されている。IQの高い生徒は少人数で、IQの高い教師の指導を受け、IQの低い生徒は、IQの低い教師によって大量教育がなされる。さらに能力の高い男女が結婚し、少数の子どもを産み、無能な男女は子宝にめぐまれる。遺伝の法則は確実に働き、世代を経る中で、やがて二一世紀には能力のある少数の階級と、能力のない、したがって反抗する能力もない多数者の階級という二つの階級が現われるという無気味な未来社会を、そのIQ中心のメリトクラシーの帰結として描いているのである。

このようにみてくれば、メリトクラシーあるいは能力と業績の原理は、能力の知的能力への一元化とその知の序列化、さらには社会の合理化と結びつく官僚制の問題と深く結びついていることがわかる。こうして現代能力主義の問題は現代社会のあり方、その社会の構成の原理をどう考えるかの問題であり、同時にそれは人間とその価値をどうとらえ、社会的諸価値はどのように配分されるのかという、人間観と価値意識の問題として、いわば全世界が当面している問題だといえよう。

〈知〉の序列化の問題は、わが国だけの問題ではない。

たとえばフランスでもグランド・ゼコールを中心とするエリート教育のシステムは、学校教育全体のありようを規定しており、フランス社会全体の学歴社会的構成の再生産の機能を果している。このような状況への改革論も盛んであり、ミッテラン政権は、コレージュ・ド・フランス教授団に教育改革構想の提言を求めた。これに応えて、P・ブルデューを中心に教授団は改革提言をまとめた。(5)

その中では、フランスの学校制度が「数学」に代表される「一つの知」の優秀性の尺度をもとにして、能力の社会的認定とその序列化に大きな効果を発揮していること、そしてそれが社会の官僚化をすすめる機能を果していることの危機意識が示されている。

さらにその序列化を支えている価値意識のなかで、「知的労働と肉体的労働」そしてその変形としての「基礎と応用」の序列的分割がすすみ、実践的知性が貶められ、これらを通して「優秀さ」の一元化がすすんでいること、学校がその価値規準の再生産の機能を担い、学業成績判定が成功者の「聖別化」(consécration)と失敗者の「烙印づけ」(stigmatisation)の機能を果していると指摘している。

また学校なるものは「知」を枠づける惰性体に化しやすく、また各教科領域の同業者的利益擁護主義(コルポラティスム)も、学校の保守化に手をかしている。他方、新しいものに無批判に追随する現代主義(モダニスム)の恣意性についても批判の目が向けられている。

現代という時代は、〈知〉の普及の時代に見えて〈知〉の権力へのとりこみ(=テクノクラート支配、その中核にニュークレアクラート=核にかかわるテクノクラートがいる)と〈知〉の序列化がすすみ、〈知〉は操作(マニピュレーション)され、全体として〈知による支配〉(エピステモクラシー)の社会になってきているのである。

三　経済と教育の関係モデル——日本の場合

日本型「能力主義」の提唱

これまでみてきたように能力主義ないし業績主義(メリトクラシー)は、官僚化と知の支配(エピステモクラシー)と密接に結合されて今日の支配的な社会構成の原理となってきている。この原理は、一九六〇年代から今日にかけての日本に固有のものなどではなく、先進国に共通のものであるとともに、後発国にとっては、いわゆる「後発効果」(ドーア)をともなって、発展途上国では学歴競争はいっそう激しくなっている。

とすれば、この問題は、今日の全世界をあげて、とりくむべき大問題だといわねばなるまい。日本の経済発展の秘訣は教育の発展にあるとして、経済と教育の関係について注目されることが多いが、それは成功の先例というよりも、現代社会構造のモデルとなっているというべきであり、それだけにそこからもたらされる病理、というよりは、そのことによって方向づけられてくる人間関係のあり方と人間的価値についてのゆがみが正確に把握される必要がある。

そこでこの能力主義の問題を、現代日本の現実に即して考察しよう。

能力主義ということばが日本で使われるようになったのは一九六〇年代、日本の経済が、戦後復興から高度成長へと転換した時期に始まる。文献的には、一九六三年の経済審議会人的能力開発部会の『報告書』の中に、つぎのようなコンテキストの中で使われている。

そこではまず、現代社会を「技術革新の時代」と規定し、いまや「学歴や年功」に代わる「新しい価値観とシステムが要請される経済の歴史的段階に立っている」とのべ、「これらの諸条件の歴史的変化は、新しい基準による人の評価、活用のシステムを要請している。端的にいえば教育においても、社会においても、能力主義を徹底するということである」。

それは、技術革新の新しい時代に対応する新しい人間評価の規準であり、この新しい価値観と規準にもとづいて、教育はもとより、社会全体が再編成さるべきことが求められていたのである。それは学歴主義と年功序列主義に代わる社会構成の原理であるが、その社会的要請に応える教育においては、エリートの発見と確保が課題となる。報告書はこうのべている。「教育における能力主義の徹底の一つの側面として、ハイタレント・マンパワーの養成の問題がある」。「学校教育を含めて社会全体がハイタレントを尊重する意識をもつべきであろう」。

それでは企業社会は、能力主義をどのように考えているのだろうか。日経連の『能力主義管理《その理論と実践》』(日経連弘報部、一九六九年)に依ってその問題点をみてみよう。

そこでは「能力主義管理」とは「経済発展段階の高度化にともなうわが国企業経営をめぐるきびしい環境条件の変化に積極的に対応して、従業員の職務遂行能力を発見し、よりいっそう開発し、さらに、よりいっそう有効に活用することによって労働効率を高める、いわゆる少数精鋭主義を追求する人事労務管理諸施策の総称」だとのべ、その「理念」は「企業における経済合理性と人間尊重の調和にある」という(同、一七―一八頁)。この矛盾する二つの原理は、いかにすれば調和するのであろうか。「もちろん企業経営の第一の目的は経済合理性の追求にある。……しかし経済合理性は従業員を人間として尊重することなくしては追求することは不可能である。……経済合理性追求と人間尊重とは対立した概念ではなく、人間尊重は経済合理性追求の中に含まれている」。

それではその人間尊重とは何か。「われわれの調査によれば、トップ経営者はそれを「従業員の能力の伸びに即応した処遇を行ない、将来への希望を与え、やる気を起させる」「従業員個人の能力の最大発揮の場を与え、能力ある者を年功学歴に関係なく厚遇する」と理解している。「人間尊重」とは、企業である以上当然「人間能力尊重」である」(同、六四―六五頁)。

それでは、その「能力」とはどのようにとらえられているのだろうか。

「能力とは企業における構成員として、企業目的達成のために貢献する職務遂行能力であり、業績として顕現化されなければならない。」(同、五五頁)。

こう読んでくると、人間尊重とは、人間能力尊重であり、その能力は、企業とその職務の期待に応える能力であり、それはわかり易くいえば会社人間の尊重に他ならない。「人間尊重は経済合理性追求の中に含まれている」とはこういうことなのだと妙に納得できる。

日本型集団主義による管理

さらに、この管理方法には、日本的伝統の重視によって、仕上げがなされる。それは日本的集団主義への着目である。同書はのべる。「各人の適性に応じた個別管理」を「急ぐあまりともすれば看過されがちな日本人の民族性の特性である集団主義についてはこれを再認識し、むしろ小集団による能力の発揮をはかるべきである」「能力主義は小集団単位による経営目標達成への全従業員の自主的・積極的参加体制を推進することにも意を用いる必要がある。その点、権利義務一本にもとづく欧米の能力主義とは異なる」(同、二〇―二一頁)。

六〇年代に出された同書の主張は、高度成長を背景に、産業構造の変化と新しい経営戦略の基本となった考え方であり、さらに七〇年代・八〇年代を通して企業社会に定着していった基本的な管理方式であり、人間能力評価の「原理」だといってよい。この間「全員参加」「積極参加」が会社人間づくりと一体化してすすめられ、日本的集団主義を利用してのQCやZD運動は、日本的経営の秘訣として、欧米の企業界からも注目されるまでになっている。

それはまた、残業の日常化を含む労働日数の異常な多さであり、働き病(ワークホリク)やkaroshi(過労死)が英語になる不名誉をともなってもいる。日本的能力主義管理はこのような事態を通して貫徹しているのである。

この積極的参加の体制について、三菱化成社長、篠原秀雄は、日経連機関誌『経営者』(一九七〇年、一一月号)で、さらに率直にこうのべている。

「私は企業における人間尊重の原理は、社員ひとりひとりが能力を十分に発揮できるチャンスを作れることだと考える。「なるべく労働から解放されたい」「仕事に余裕をもちたい」ことが人間尊重ではなく、「労働のチャンス、自己の能力を発揮できるチャンスが徹底して与えられる」「常に自己啓発することによって、会社のため大いに働く場がある」ことが人間尊重に基づく会社運営であると思う」。そしてさらに、「組織の一員として理想を実現する道は、そのメンバーの一人として自分よりも組織全体、「私」よりも「公」、このために常に自分を献身して行動することにより、自分の属している組織体が強く大きくりっぱに動いていく、そのことによって各人の志・理想が達成されていく」(「全員参加ということについて」)。長時間の残業もいとわない、企業への一〇〇%の帰属と献身が求められているのである。

教育の役割の変化

さて、六〇年代の経済審議会を中心とする長期計画の策定には教育社会学者も参加し、戦後教育改革とその新学制が「ひとしく」ばかりを強調して「産業社会の要請」に応えることを怠

った と批判し、「高度経済成長下の教育政策は、量から質へ、政治的観点から産業的観点への転換を迫られている」「端的にいって、日本の経済成長が教育政策に求めているのは、良質労働力の養成であり、その供給である」とのべて、教育が産業社会の要請に応えて大きく転換し再編成さるべきことを強調した。(6) 彼はまた、同書の中で、「教育はそれ自身目的を有しない」、「教育の目的を規定するのは、現実の社会的諸力」であるとのべ、教育固有の価値を空論として斥けた。

文部省の教育認識も、この時期を機に政治主義から産業主義へと、その基調を移していく。一九六二年の「教育白書」は『日本の成長と教育』と題され、つぎのことばで始まる、「社会の発展において教育の果す役割が重要なことは、あらためてのべるまでもないが、とくに最近において教育が経済の成長をもたらす強力な要因であるという考え方が、広く国の内外を問わず一般化しつつある」と。

文部省は、経済界の要求に積極的に身を寄せていったのである。その前年から実施された、「全国一斉学力テスト」も、「国民所得倍増計画」に見あう「人材開発計画立案」のための調査にほかならなかった。文部省は当時こうのべていた。

「国民所得倍増長期計画において、広く人材を開発することを必要としているが、何よりも、優れた人材を早期に発見し、その者に対する適切な教育訓練を施すことがたいせつである。この見地から、義務教育の終了期において生徒の能力、適性を見出し、その進路を指導していくことが必要である。……およそ、以上のような課題を解決する一つの有力な方法として、全国いっせい学力テストを実施しようとするのである」(『文部時報』一九六〇年一一月号)。

こうして一九六〇年代の産業界の要請に応じる教育の再編成は、産業界からの強い要請を背景に、通産省・経済企画庁の主導のもとに文部省を通してすすめられ、「経済が教育を支配する時代」へと入っていく。

労働経済学を専門とする隅谷三喜男は、この経済審議会答申にも言及しつつ、教育への需要主体が国民から企業社会へ変化していることをつぎのように指摘していた。

「教育に対する需要は、長いあいだ、もっぱら教育を受けたいという側からの需要として問題にされてきた。ところが、近年、社会の側からの需要が次第に大きな発言権をもつようになってきた」「今日では、教育と産業とは切っても切れない結びつきができ、教育に対する社会的需要者として産業界が、教育自体について要求することが次第に増大してきている。いいかえれば、教育のなかにも、経済の要求が直接にはいり込むようになってきているのである」[7]。

六〇年代の高度成長と産業構造の変化に対応し、教育は国民の人権としての要求の対象から、経済界からの人材(労働力)需要の対象へと、次第に重点を移し、やがて経済的要求のなかにからめとられていくことになる。教育投資論と人材開発論は、国民経済論の内部に位置づけられることによって、経済政策の重要なイシューとしてその重要度を増していく。

そのことによってまた、国民の教育への意識も変化が求められ、国民にとっても、人権としての教育の要求としてよりは、教育は将来への投資として考えられるようになり、個人の教育費は将来の収入の相関で大まじめに議論され、これが教育の商品化の、そして受益者負担論の根拠ともなっていく。

こうして、六〇年代を画期として、社会における教育の位置づけが変化し、経済界の要求が、教育政策を方向づけるドミナントなファクターになっていく。

政府と経済界はこの方向で、その後の教育再編成を強力にすすめていき、国民の教育意識もまた、一方でそのような変化に対して、国民の教育権を根拠に、「人権と自由の教育」を対置して抵抗を試みるが、やがて、国民意識も次第に経済社会の大勢に押され、教育投資を将来の生活安定の資本(もとで)としてとらえるようになり、従ってまた、授業料等の増額に対する批判も、それを受益者負担として当然だとする風潮にのみこまれていくことになる。

すすむ教育の商品化

このような、政策変化と、国民の意識の変化に相即しつつ、教育の商品化もすすんでいく。

一九七〇年代以後、低成長下の経済界は、それを乗り切る方策として公共部門の民営化(プライバータイゼーション）の方式を打ち出し、国鉄・電電公社を解体、ＪＲとＮＴＴが誕生した。「つぎは教育だ」と臨調・行革を指導した中曽根首相は公言した。公教育の解体、縮小が教育政策の基本戦略の一つとなった。

それは経済界の要請に合致するものであった。日本経済調査会（日経調）は『自由主義の前進』と題する報告書（一九七七年）で、すでにこうのべていた。

「我々は今や全ての公立小中学校の民営移行を主張する」。「我々が本当に健全で強固な自由社会や自由経済の建設を望むならば、この義務教育機関における小中学校の自由化、即ち私学化こそほとんど不可欠の前提である」。そのいうところの「自由化」とは「私学化」に他ならない。さらにいえば、それは、公教育の「聖域」を解体し、教育の商品化と、その市場の自由化を求めることによって、企業の教育産業への活路を開くことを目指すものであった。

階層化する「理想社会」

現代社会は情報化社会といわれ、高度知識社会ともいわれる。これは前述のように、〈知による支配〉（エピステモクラシー）の社会でもある。

臨教審のオピニオンリーダーで、未来学者を自称する香山《こうやま》健一は、その高度知識社会の姿をつぎのように描いている。

「教育の水準は極度に高くなり、社会は高度の知識人からなる、知的にゆたかな社会となっていくであろう。優生学はすぐれた素質をもった人間で社会をみたすようになるであろう。情報革命のかなたに、われわれはすばらしい素質をもち、おどろくほど高度の教養と知識を身につけた建康な男女たちが、自動化された産業を基礎に高い生活水準を楽しみ、短縮された労働時間のもとでの余暇を、科学や芸術やスポーツなどの創造的な仕事に没頭し、知的な会話と人生のゲームを楽しみながら過ごしているような、そういう未来世界を構想したいのである」(8)。

その未来社会はバラ色に見えてくる。しかしよく読めば、それが一部の知的エリートたちに限られたぜいたくということもすぐにわかる。

香山は「高度知識社会」では、「知識を所有しているかいないか、知能が高いかいないかが、人間を評価する場合の決定的要素となっていくものと思われる」、したがってまた、そこでは「高い知識をもった知能水準の高い層と、平均以下の知能水準の低い層との階層分化が生じてくることはさけられないであろう」(9)と書く。

そこは、知識の所有量がメリットの規準となるメリトクラシー(能力主義)の社会でもある。その社会の全体としてのイメージはつぎのように描かれる。

「高度知識社会のメリトクラシーのもとで、エリート層は真のリーダーシップを確立しなければならない。それは俗流化した民主主義や平等主義によって、活力を失った社会ではなしに、永遠に活力を失わない、ダイナミックな社会の秩序を維持していくために必要不可欠なことである。われわれは人間能力を最大限にのばすことに努力しながら、能力のある人間にはそれにふさわしい冒険と挑戦の機会を与え、能力の劣る人間にはそれにふさわしい生きがいの対象を与え、能力のない人間にも――そういう人間は教育と優生学によって減らしていかなければならないが――適度な人間的思いやりを与えうるような社会を構想しなければならない。非凡人には非凡人にふさわしい、平凡人には平凡人にふさわしい満足の機会を与えるような条件を、発明しなければならない(10)」。

エリートを中心とする輝ける未来の生活、そして平凡人はそれにふさわしい分に応じての、そこそこの満足の得られる「理想社会」。それは誰にとっての理想なのかはもはや説明を加えるまでもなかろう。

ところでその発想には、教育の「科学化」と優生学を利用する社会工学の発想が見られるのだが、それは具体的にどのように考えられているのだろうか。

「人間の質とその改良の問題は、現代においてもなお社会的タブーのひとつとされている。それは、教育の問題とともに、優生学の問題に決定的にかかわってくる」。

「現代の産業文明ではI・Q(知能指数)一一〇以下の人間は役に立たなくなりつつある。

……そして人口学者たちが深い不安をもって指摘していることは、人口の増加率がI・Qの低い層においてとくに顕著であり、I・Qの高い層において人口増加率が低いため、人類は遺伝的素質低下の危機にさらされているという事実である。

われわれは、この遺伝的素質低下の問題を解決し、さらに人間の質を高めるためのもっとも賢明な社会的技術を開発しなければならない。〔そのためには〕あるすぐれた遺伝的素質をもつものにのみ三人以上の子供をもつことをみとめ、かつ――助成金その他の方法で――奨励し、それ以外は二人以下に制限するといった方法――それもなるべく強制的な性格をもたないしかたで――も考えられる一案であろう(11)」。

読者はこの未来像を、知性のあふれるインテリジェントな社会とお考えだろうか、それとも、冷酷で、おぞましいものとお感じだろうか。

四　能力の一元化と競争＝序列主義の病理

おのれを知り分に甘んじる

産業の教育支配の潮流と呼応して想起された能力主義は、具体的には、社会と教育の場に競争の原理を貫徹させる主張であった。

自民党文教部会に近い関係と思われる「明日の教育を考える会」による「国家百年のための新教育宣言」(『文藝春秋』一九七五年八月号)はつぎのように書き出されていた。

「「すべての国民はひとしくその能力に応じて教育を受ける」と教育基本法は謳っている。戦後教育はその「能力に応じて」を無視し、「ひとしく」だけを強調する過ちを犯した。しかし、競争の原理は人間の原理であり、これなくしては進歩はあり得ない。能力主義をとらない社会は停滞し、滅んでゆく。いまわれわれが、勇気をもって能力の個人差を認める新しい教育を提言するゆえんである」。

宣言は、その人間観をこうのべている。「われわれは、人間は知能をふくむ能力において本来平等ではない、そしてそれはかなりの程度先天的なものであると考える。しかも重要な点は、われわれは人間は能力の点で平等であることを少しも喜ばず、かえって他人よりも自分が抜きんでたとき幸福を感じると考えていることである。人間にこのような競争心があることは健全であるという前提に立たない限り教育はない、というのがわれわれの考えである」。

このような人間観を前提とした上で、宣言はその提言の第一として「すべての教育はまず能力とりわけ知能の個人差の確認からはじめよ——」「この能力差の確認を出発点とするならば、今日教育界に横行しているホンネとタテマエの偽善は払拭されるだけでなく、優秀児は優秀児として、劣等児は劣等児として、それぞれ所を得て勉強するだろう。人間万事所を得るというのが幸福への近道である」とのべ、この主張に見合う「学校体系の複線化を早急に実現せよ」と提言していた。

ここからひき出される学校教育がどんな姿になるのか予想はつこう。繰り返されるテスト、一点を争う競争、能力別学級編成、そしてできる子には豊かな教育を、できない子は切り捨て、分に甘んじることを教え、そのような人間の見方に慣れさせるといった学校・学級経営のイメージが結ばれてこよう。

一九五〇年代に、能力主義の先輩国アメリカのある雑誌にそれを風刺する漫画が載った。それは、大男の精神科医が劣等感に悩む小男の患者に対して、「君は劣等感が問題なのではなくて劣等なんだよ」と宣告している場面を描いたものである。[12] 能力主義のもとでは、精神科医は劣等感をほぐすのではなく劣等であることを思い知らせることが任務なのだということになっていく。

教師の任務も、精神科医と同様に、子どもたちに劣等であることを知らせ、高望みをしないようにあきらめさせることがその社会的任務となってこよう。これはさきに引用した「新教育宣言」がなかば公然と求めていることでもあった。

このような動向に呼応するかのようにある女教師はこう書いている。

「日本の現状はバカバカしいことで一杯です。最もバカバカしいことは権利の主張です。バカはバカだということを知らなければいけない。しかしバカに限って自分はバカだということに気がつかない。だからせめて学校では、教師がお前はバカなのだと教えるべきです。バカの親はたいていバカだから親が子に教えることは不可能です。自分がバカだと分ったら受験地獄などというバカバカしさは消え、人間は相応の努力をし、自分の力だめしをすることにとどまります。ただ問題なのは教師の中にも生徒に負けぬバカがたくさんいて、仲々そうはいかないところに問題があるのです」。

このおぞましき文章は、筆者がたまたま発見したといった類のものではない。実はこれは川上源太郎の「学校は生きている」という論文(『正論』一九七四年八月号)に引用されたものだ。彼は戦後日本の教育が画一主義で悪平等であり、いまや日本の教育は死んでいるとして、『学校は死んだ』という本を書いた。この本に対して一読者である先の女教師から同感の手紙を受けた。喜んだ彼は、この手紙を上述の論文に引用し、「このような教師がいる限りまだ日本の教育は死んでいない」と書いているのである。

これら一連の主張を読み、引用しながら、私はホルクハイマーとアドルノのつぎのことばを想い起していた。

「何故に人類は、真に人間的な状態に踏み入っていく代りに、一種の野蛮状態へ落ち込んでいくのか」。

これは彼らが亡命中に共同で書いた『啓蒙の弁証法』(13)を貫く問いであった。「高度知識社会」なるものが「一種の野蛮状態」へ転落を早めているといえるのではなかろうか。ナチスの時代での、「反ユダヤ主義に見られる「非合理主義」は、「支配的理性」そのものの本質から導き出され」(前掲書)たように、高度知識社会における「支配的理性」は、IQ序列信仰の狂気を正常なものとして倒錯して描きだすマジックミラーではなかろうか。

もちろん私たちは、先に引いた香山氏や「宣言」の著者たち、そして川上氏や女教師とは全く違った人間観、教育観に立って実践にとりくむ教師も大勢いることを知っている。群馬のある先生は「学級通信」(『こだま』)(14)を出して、親にも自分の考え方をわかってもらう努力をしてきた。そこにはテストについてこう書かれている。

「私があまりテストをしないのは、テストをする時間がもったいないからです。テストの時間(特に市販のテスト)は教師は楽なものです。……しかしテストによって子どもは本当にかしこくなるでしょうか」(三一号)。

「自分でお金を出して、三五点や六〇点をもらっていたのでは、お金を出して「お前は馬鹿だ、お前は馬鹿だ」と決めつけられているようなもので、たまったものではないでしょう。……勉強がおもしろくなり、自信がつけば、テストなんかいやでもできるようになります」。「子どもは知識欲旺盛なのです。それを勉強ぎらいにしているのがいまのテスト体制ではないでしょうか」(三二号)。

親として、二人の教師のどちらに子どもを託したく思うか。答えは明瞭であろう。

蝕まれる人間的価値観

学校化社会は、人間能力の学校化をすすめる。学校が、価値あるものと評価する能力、それはテストで測られ、偏差値に還元される学力、それも算数・数学ないしは英語や漢字の語彙数によって代表される。そして、それらの点数尺度を規準にして序列化され、能力別にクラス分けされるなかで、人間としての値うちもまた点数序列と同一化されていく。

テスト体制が定着するなかで、教育がテストへと矮小化され、教育が反教育に転化していく姿は、子どもたち自身の作文のなかにはっきりと描かれている。高度成長政策と不可分に新産業開発計画を推進した富山県の中学生(A、B)[15]と高知の高校生(C)[16]の作文である。

A「私は小学校のころ勉強という中に何か宝物がかくされているのかなあと思ったこともある。中学へ入るとホッとする間もなくテストがやってくる。そして番数がつき親に伝えられたり、時には廊下にはり出されて全校生徒に知らされたりする。……まだ未知数のぼくたち人間に番数をつけるなんておかしいと思ったこともある。学校で勉強、家で勉強、それでまだ足りなくて休み時間まで本とにらめっこをしている人もいる。まるで勉強の戦争だ。……毎日毎日、自分が機械的に動かされているんじゃないかとも感じられた」。

B「ぼくは中学生になってもう一年の三分の二をすごしました。その間テストが二〇日おきに襲いかかってきました。……みんな自分のことしか考えなくて利己主義でした。中学生の友情を破壊する最大の原因は、テストの点数に関係したことであることがわかります」。

C「ぼくの考えるのは今もやっている試験のことである。自分のよく解ける問題も、他人から聞かれて教えろといわれてもとけないといって拒否する。それに人が必死になって覚えているのを他の事を言ってじゃましてみたりする。自分ができないから、みんなやめろとか、自分がなんとしてもみんなより良い点をとってやろうとか、あいつには絶対負けられないとかいうふうに、ライバル意識を燃やしてみたりする。僕はこんな競争意識や攻撃などというものにはもうなれている。ぼくの場合にはこんな事は一日に一回はあるからである。これがなかったら人間は何のために生きているのかわからないと思う」。

勉強すればかくされた宝物が発見できるのではと喜んで通った小学校時代、しかし中学に入るとその幻想は打ちこわされ、繰り返されるテストのなかで、成績評価の「烙印」を押され、友情はひきさかれ、友人は敵対的なライバルに過ぎず、勉強は戦争なのだと実感されてくる。そんな生活の中で、高校生にもなると、これが人生なのだ、競争がなければ人間何のために生きているのかわからない――まさしく競争こそは人間の原理であり、他人に打ち勝った時が幸せなのだという人間観・人生観が、身についていくプロセスが浮び上ってくる。

点数評価は彼らの日常生活にも深くくい入っている。小学生の会話から。

A「5が三つになったら自転車買ってもらえるんだ」。

B「うちじゃね、すぐ目につくところにダルマが置いてあってね、通知表の成績がよかったら目を入れるんだ」。

C(女)「体育や家庭科はどうでもいいから四教科を一生けん命やれってお母さんがいうの」。

D「前に悪かったから一生けん命やったのに、また悪かった。全体でどうだったかというのと、ぼくはどうだったかと両方書いてほしい」。

以上は、NHKのラジオ(一九七一・三・六)が取材した学年末の子どもたちの声である。

ここにも、学校の生活とそこでの価値観が日常の生活を支配していることがうかがわれる。

彼らは無邪気にそれを受け入れているようにみえて、それらに抗議するうめきのようなものも感じられよう。

これらの作文を紹介しながらの私の「能力主義の問題性」についての講義を聴いた学生の一人は、その感想にこう書いていた。「講義の中で一番身近で印象深かったのは能力主義の問題でした。私自身も小学校時代から偏差値による評価をうけいれてきました。もしかしたら偏差値によらない評価があることに気付かないで今まで生きてきたかもしれない一人です」。

また別の学生は東大生を分析し、彼らの多くは寂しがりやであり、劣等感が強いとのべ、「その特徴は、皆脆弱な自尊心とそれを支える強い劣等感から生まれてくるものであろう。それは消極的能力主義に育まれたものに他ならない。強者であることを社会に強いられ、それを支える強さを持っていないがゆえに、劣等意識にさいなまれる皮肉、東大生はある意味では最高の落ちこぼれであり、能力主義の被害者である」。

この分析に、ほんとにそうだ、自分もそうだと納得する東大生も多い。精神科の医師は彼らに「劣等感には根拠がなく、君は優秀なんだ」とアドバイスするのだろうか。それとも「劣等感をもつ人間は、やっぱり劣等なんだよ」と判定づけるのだろうか。

逆にまた、中学で落ちこぼれ、つっぱりを繰り返してきた女生徒は、自分の現在の位置とその未来をこう語っている。

つっぱり少女に「なぜそうなの」と問うて「どうしてって言われてもこまっちゃうよ。だって本当のこと言ったってどうにもならないでしょ。……あたしだってさ、考え出しちゃったらさ、自分がみじめになってしまうだけじゃん。いろいろのことしたいって思ったって、もうどうにもならないでしょう。自分のせいだから仕方ないけどさ。勉強したってもう間に合わないでしょ。そうじゃないっていわれたって、だって現実はそうじゃん。そんなんちゃんと知ってるよ。考え出したらいつもこたえは苦しいだけ。あたしの居場所なんかないもんね。居場所がないのよね、あたしの人生ってさ[17]」。

彼女は友人の甘い同情も拒絶してこう言っている。

「あたしだってそんなみじめな同情だらけの友だちなんていらねぇもん。でしょ。知らぬが仏じゃん。お互に。だからあたしは何も考えないで明るく生きたいの。考えちゃったらやってられないもん……、でしょう」。

学校化社会と能力主義――競争と選別の体制のもとで、できる子も、落ちこぼされた子も、傷つき、悩んでいるのである。それは、人間としての誇りを傷つけ、その他人を見る眼差しを冷たくし、人間を見る目をくもらせ、人と人とのつながりを切り裂いていく。

そこに、能力主義が支配する学校と社会の根本的な問題があるといえよう。

五　一元的能力主義と知の支配に抗して

多様な可能性を引き出す教育を

以上のような能力主義の問題性のある種の歴史的必然性と、それが必然的にもたらす病理については、すでに、多くの批判もまた加えられてきた。その一つに七〇年代の初めに組織され、日本の教育改革の方向を検討した教育制度検討委員会（会長　梅根悟）の報告書（『日本の教育はどうあるべきか』）がある。私も委員の一人として参加した。そこでは日本の教育を支配する二つのイデオロギーとして国家主義と能力主義をあげ、「能力主義」についてこうのべていた。

「子どもを成績に応じて分類し、その能力別に上下の序列をつけ、進学する子としなくてよい子に分け、また普通高校と職業高校に仕分けし、男女を差別し、さらに、一流校から何流校にまで格差をつけて選別してゆく。そこから子どもたちの間に、激しく冷たい競争主義が生まれる。その競争に拍車をかける親もいるし、それを疑わない教師も少なくない。こうして我国の学歴社会的傾向が強まり、学校は学歴競争の修羅場になる。こうした大勢を教育における能力主義とよぶことができる。それは、ひとりひとりの子どもの人間としての潜在的な能力を、そろって全面的にそして個性的に開花させるというのとは反対に、子どもたちを、幼いうちから、既成の社会の、また企業の要求する「能力」観にしたがって評価決定し、格差と差別の上下関係にとじこめようとするものといってい い(18)」。

そしてそれに対抗する批判原理として、「教育の自由」と、「教育制度における正義の原則」を掲げ、「能力に応じる教育」を能力に応じての切り捨て教育ではなく、ひとりひとりの「発達の必要に応じて」のいきとどいた教育としてとらえ直すことこそが課題だとした。

また、数学者で、この委員会の委員の一人でもあった遠山啓は「序列主義教育」を批判してつぎのようにのべていた。

「人間はひとりひとりが多様な能力をもって生まれてきた。その多様な能力を多様な方向に発達させることは、教育のもっとも重要な任務である。それが悪かろうはずはない。悪いのは、その多様な、いわば多次元的な能力を優等生から劣等生へと一次元的に序列化することなのである(19)」。彼は、複数教科の点数を合計し序列づけることの無意味さを強調し、こうのべている。

「……国語・数学・英語などの点を合計した総点は、その人間のどのような能力を表現しているのだろうか。たとえば、体格検査で、身長・体重・胸囲の数値を合計した数値がたいした意味をもたないのとおなじくらい意味のないことではあるまいか(20)」と。

遠山は、このような、〈知〉による新たな差別に対して、つぎのように警告していた。

「人間の社会には数多くの序列もしくは差別が存在している。たとえば貴賤の差別・貧富の差別など、その最大のものである。これらに対して賢愚の序列または差別が新しく登場してきた。この差別は、教育の普及によってますます広範に力強いものとなりつつある。そして、学校がその差別をつくるもっとも大きな機関となりつつある。この差別をかりに第三の差別と呼ぶことにしよう。

この差別もしくは序列化は、人間同士のあいだをひきさいている。そして、ひとりひとりの人間の自信喪失を生みだしている。「自分は、能力が劣っているから、これくらいの地位と待遇でがまんしよう」というあきらめの気持ちに子どもたちを追いこんでいる。これは一種の宿命論であり、各人の生れながらの力を萎縮させる。この第三の差別を教育のなかから追放することは、今後の大きな課題であろう(21)」。

求められる価値の多元化

さきにふれたコレージュ・ド・フランスの教育改革提言も、価値の一元化とその序列化を批判し、その多元化を求めている。そこでは学歴による、一元的・序列的価値観から脱して、多様な人間的価値をどのようにひろげていくか、その上で、優れたもの(エクセランス)の形態をどのように多様化していくか、弱肉強食的な無統制な競争《コンペティション》を、切磋琢磨の意味での競争《エミュラシヨン》にかえていくにはどうすればよいか、どうすれば官僚制と結びついた学歴主義を打破し、教育社会の同業組合的閉鎖性を脱することができるのか、さらに機会の複数化の前提として、エリート中心の発想ではなく、恵まれないものにこそ、ゆたかな教育条件が保障さるべきではないかといった、現代社会と人間の存在にかかわる大きな問題が論議されている。

そこには、「教育は、科学がめざすものに内在する理性の普遍主義と、歴史諸科学の教える文化的な知恵と感性の多様性に注意を向ける相対主義とをあわせ持つものでなければならない」とする提言や、「教育は、様々な知的達成の形態をそれらのなかの一つの形態との関係において序列化するような〈知性〉についての一元論的な見方と戦い、社会的に認められる文化的優秀さの形態を多様化すべきである」という提言もみられる。

さらにこうのべている。「とりわけフランスの学校制度の伝統においてとくに根強い「基礎」と「応用」との、「理論」と「実践」または「技術」との間にたてられる序列化の諸形態と戦うべきである。それと同時に、それぞれに異なり、互に還元しえない多様な能力の評価規準もまた多元的であることが社会的に承認されなければならない」。[22]

エリート教育に熱心なフランスがかかえている問題は、日本の状況と重なるところが多く興味深い。

私たちは、このような知の序列化と知による支配と結びつく現代能力主義を厳しく批判しつつ、その上で、人間的能力の多様さと、人間にとっての知の根元的な意味をとらえ直し、人間が学ぶ存在であることの意味を深くとらえ直すことが必要である。

民衆の力としての「知」

「人は生まれるやいなや学び始める」、ルソーはかつてこうのべた。人間にとっての学習は学校に入って始まるのではない。それは学校のない時代から、人の誕生とともに始まり、人の生とともに終わる。この人間にとっての基本的活動は、やがて学習権として自覚され、今日では子どもの権利の中軸として、さらに人権の中核として位置づけられはじめている。ユネスコの『学習権宣言』(一九八五年)においても、それは「人間の生存にとって不可欠の手段」と解され、「問いを問い続ける権利」、さらには「歴史をつくる権利」として主張され、さらに、学習こそは人間理解の「キー・ワード」だとされている。

とりわけ、変動激しい現代社会の、入り乱れる情報の中で、絶えざる学習なしには適応すら難しい。

その上今日の情報社会では、情報は巧妙に統制され、支配秩序の維持の観点から意図的にゆがめられている。すでにのべたように、「知は力なり」という古典的命題は、今日ではその原意とは違って、知識を独占した勢力が権力を保持するという現代社会のありようのなかに生きている。他方で民衆はマスコミと教育を通しての見えざる「操作《マニピュレーション》」のなかで、知的活動は〝長い休憩〟の状態におかれている。メリトクラシーは、知による支配(エピステモクラシー)の体制でもある。かつてH・ラスキは「知識および知識獲得の手段を奪われた人は、必然的に、より恵まれた人々の奴隷にされるであろう」「〔科学の〕教育に対する近代人の権利は彼の自由にとって根本的なものとなった」[23]と説いた。この主張は、今日においても、その原理的正しさを失ってはいない。しかし、知による支配の体制のもとで、科学の人間解放力だけを素朴に主張することは、リアリズムを欠いたオプティミズムに堕しかねない。

それだけに今日の情況を越えでることは容易なことではない。私たちは主権者にふさわしい

「政治的教養」を身につけるとともに、「文化的教養」を高め、労働と文化と政治の主人公となるための学習を不断に続けていかねばならない。私たちは情報に接近するだけではなく、情報がつくられるからくり、情報の流通の仕方、情報管理の仕組みについても知る権利をもっている。「知」の一部のものの独占を排し、知を「民衆《デモス》の力《クラートス》」とすることによって民衆は政治の主人、文化創造の主体となりえよう。生涯を通しての学習権の主体的行使なくして民主主義(デモスクラートス)はありえないのである[24]。

学校は、このような筋道のなかで相対化され、子どもを主人公にする学校へとつくりかえられなければならない。

能力主義と序列主義のとりことなった学校の再生は容易ではない。

私は能力主義の問題性を論じた別の論文の中で、それをのりこえる教育の道筋をこう書いた。

「発達の初期から、友人とともに生き、ともに悩むおもいやりの心、共同の仕事をとおしての人間的交流(交通)と共感の能力、弱い者、障害をもつものへのやさしいいたわりの気持ち、そしてかけがえのない人間の自由と尊厳の意識を育てる教育、その平凡にみえて困難な仕事の成否に、教育の未来と人間の将来は賭けられている」。「……こうして、教育において、人間の価値意識の形成と変革が中心的課題となってくる。この仕事は、教育だけでは果せないが、それをめざす教育なしには、この大事業を、希望をもって語ることはできないであろう[25]」。いまもこの確信は変らない。

もとより、それは容易なことではない。制度化された教育は、民衆的知を根だやしにし、管理された知の配分と序列化による秩序づけを任務としているのであり、まさにそのなかで、その知を民衆のものへと切りかえしていくことが、どれほど困難をともなうものかについても、十分に承知しているつもりである。できもしないことを、あたかも容易にできるかの如く説くことは、かえって人を絶望に追いやるだけである。困難を困難として認識し、その上で敢えて希望を語ることによって、はじめてその困難を切り開く道も拓けてこよう。

注

(1) E・H・カー『ナショナリズムの発展』みすず書房、一九五二年、二七—二八頁、傍点堀尾

(2) M・ヤング、邦訳『メリトクラシー』至誠堂、一九八二年及び堀尾『現代教育の思想と構造』岩波同時代ライブラリー、一九九二年、第一部、第二章参照

(3) ダニエル・ベル『脱工業社会の到来』ダイヤモンド社、一九七五年、下、四七三頁

(4) 同右、四五二頁

(5) 堀尾・石田英敬訳「未来の教育のための提言」『世界』一九八八年三月号

(6) 清水義弘『二〇年後の教育と経済』東洋館出版社、一九六一年

(7) 隅谷三喜男『教育の経済学』読売新聞社、一九七〇年、三四—三五頁

(8) 香山健一『未来学入門』潮新書、一九七六年、二二〇—二二一頁
(9) 同右、二二一頁、(10) 同、二二二頁、(11) 同、二一七頁
(12) M・ヤング、前掲書、一五〇頁所収。なお同書については堀尾『現代日本の教育思想』青木書店、一九七六年に詳しく紹介した
(13) ホルクハイマー、アドルノ、徳永恂訳『啓蒙の弁証法』岩波書店、一九九〇年
(14) 学級通信『こだま』については堀尾『現代日本の教育思想』前掲、二〇九—二一一頁参照
(15) 国民教育研究所編『人間能力開発教育と子ども・教師』一一六頁、一一九頁
(16)『日本の教育』第一九集、労働旬報社、一九七〇年、三三八頁
(17) 李水香『居場所がないの』民衆社、一九八五年、一八八—一八九頁
(18) 梅根悟編『日本の教育はどうあるべきか』勁草書房、一九七一年、七〇頁
(19) 遠山啓『競争原理を超えて』太郎次郎社、一九七六年、一一九頁
(20) 同右、一一九—一二〇頁、(21) 同、一三〇頁
(22)『世界』前掲
(23) H・ラスキ『近代国家における自由』岩波文庫、一九七四年、五四頁
(24) 堀尾「国民の学習権——守る権利から要求する権利へ」『人権としての教育』岩波同時代ライブラリー、一九九一年、参照
(25) 堀尾『現代日本の教育思想』前掲、二八三頁

第三章　学校の現在と学校論

一　学校化社会の成立

教育と近代

かつて、教育と学校が希望をつなぐものとして語られた時代があった。近代日本においても、その第一は明治維新期、第二は戦後の改革期に、文明開化と結びつけて語られ、あるいは文化国家の建設と結びつけて論じられた。

明治維新を代表する福沢諭吉の『学問のすすめ』は「衆心発達論」であり、文明論は国民教育論でもあった。それは、閉じた世界にようやく広がり始めた日の光にも似ていたであろう。

啓蒙は、英語ではエンライトンメント(enlightenment)、「明かりをつけること」を意味し、フランス語ではルミエール(lumière)でまさしく「日の光(光明)」そのものを、ドイツ語のアウフクレールンク(Aufklärung)は「開明」を意味することばである。とりわけ近代革命(科学革命と市民革命)と切り離しがたく構想された近代の学校は、「啓蒙」と結びついて、若い世代の心に光をともす場であり、万人の理性の開花と主権者としての市民の育成の場として構想されていた。

しかし、近代以降、学校は制度化されていき、とくに近代後期(一八七〇年代)以降、国家規模(ネイションワイド)での義務教育制度の成立にともなって、学校教育は国家と社会の存続と発展にとっても、要の位置を占めるものとなってきた。

また学校制度の複線型から一元化への再編が進み、初等・中等・高等教育制度が階梯化することによって、学校制度がより広い裾野の中からの人材選別の機能を果たすようになった。

わが国においても、明治の開国と啓蒙は、民権思想にも火をつける役割を果たした。しかし、その水路は、国家主導の啓蒙へとゆがめられ、富国強兵の国是のもとで整備される学校制度は、国民道徳の涵養《かんよう》の場となり、やがて国を挙げての戦争のなかで、いかんなくその「成果」を発揮した。

国民教育制度を通しての、従順で規律ある労働力の養成は、資本主義発展の不可欠の要素であった。また、学制以来の一元的学校制度は、民衆にとっては社会的上昇の機会であり、国家にとっては人材選別とともに、国民道徳と民族的一体感の形成の有効な手段であった。

現代社会と「学校化」

戦後は、憲法・教育基本法体制を軸に、戦前の教育と学校のあり方に対する反省を通して改革がすすめられ、新学制への期待は、新生日本への希望とともに語られた。教育が国民の義務から権利へと転換し、忠良な臣民の育成から、人間性ゆたかな人格の発達がその理念となった。しかし、戦後五〇年を経た今日、この間の「国家の復権」の動向や、「経済発展」のインパクトの中で、戦後改革の理念は、未完のままに棚上げされ、学校と教育をとりまく状況も大きく変化してきた。

いわゆる五五年体制の成立とともに、学校への統制が再び強まり、競争と選別の機能が重視され学歴社会化が進行するなかで、子どもたちの日常生活だけでなく、家族の価値観にも、「学校的価値」が浸透し、七〇年代から八〇年代に入る頃から、いわゆるダブル・スクール現象を含んで、社会全体が「学校化」する事態が引き起こされていく。

そして現在では、子どもたちの日常の意識も、その二四時間の生活は学校を中心にめぐり、放課後においても学校にとらわれ、成人の意識も、その生活設計の中心に子どもの教育がすえられ、家族の生活も、「学校的価値」に支配される倒錯した意識状況のもとで、「学校化社会」状況が現出している。幼児からの早期・英才教育に熱中する父母の生活を全体として支配しているものも、いわば学校的価値とその生活リズムに他ならない。

子どもたちの人間的で健やかな成長をねがう意識はしぼみ、子どもたち自身の価値観も、受験競争の勝者となることを価値とする倒錯した意識に、強迫的にとらわれるといった状況が支配的になってきた。不登校・登校拒否の増加やいじめの多発は、このような「学校化社会」的状況を無視して語ることはできない。

他方また、国家の復権と管理体制の強化のなかで、学校に自由な雰囲気が失われ、細かな校則による秩序づけの強化の中で、教師による体罰を当然視する風潮もあり、親もまたそれを求め、これらが生徒たちのあいだに暴力を容認する傾向に手を貸し、陰湿ないじめが広がる原因ともなっている。

学校はそれ自身、社会と文化のサブ・カテゴリーであると同時に、それらの再生産の機能をもち、学校は社会を映すかがみであるが、今日では社会が学校的価値に支配されるという倒錯した意識状況が広がりつつあるというべきであろう。

二　登校拒否がつきつける問題

教育に対する強迫感

現実の学校で精神の抑圧的状況が広がるなかで、それに対する生徒たちの、拒絶的反応も広がっている。不登校、登校拒否の広がりである。その現実があらわになることを嫌う文部省の統計も、その現象の深刻さを無視しがたいと認めざるをえないところまで事態はすすんでいる。

登校拒否や中退が、日本社会において、欧米諸国とも、また第三世界の諸国とも違ったコンテキストで、大きな社会的関心を呼ぶのは、それなりの歴史的理由がある。それは、とくにわが国においては、「学校は国民すべてが行かなければならないところ」という通念が根強くあることと関連している。この通念は、戦前においては、そこでの義務教育の観念と結びついており、就学は国民の国家・社会に対する義務としてとらえられ、不就学は処罰の対象とされていた。戦後は、憲法・教育基本法の成立を通して、教育は国民の権利へと大転換し、義務教育の観念も、国民の義務から、国家・社会の就学保障の義務へと大きく変わったにもかかわらず、親の責任(親義務)の視点を介して、子どもを学校に行かせなければならないという観念は、「権利としての教育」の観念を侵蝕し続けてきた。この間、国家への義務観に多少のゆらぎはあるが、しかしそれは生活の必要として、出世の手段として、あるいは学校の落ちこぼれは社会の落ちこぼれと観念されて、学校は行くべきところという意識は連続しているといってよい。

さらに、学校が国家への義務から、社会的地位の上昇・確保(立身出世)の手段に変わっても、学校・教師と子どもの関係には大きな変化はなく、受験体制が強化されるにともなって、内申書や通知表の評価におびえて、ものいえぬ親たちにとどまり、学校と教師は親に対しても心理的に抑圧的であるという関係は変わらない。確かにその意識に立ち入ってみれば、国家の権力を権威と錯覚してひれ伏した義務教育の時代とは異なり、親たちも競争主義を受け入れて、子どもたちのためによかれと、功利主義的に学校と教師に頭を下げているという変化はあるが。

こうして、学校が人間的価値を独占(実は空洞化)し、テストによって序列づけ、それによって人格的価値をも格づけているような学校化現象は、とりわけ日本の場合に著しい。学歴は、それが人間的価値を代表するという虚偽意識に支えられて、学歴が人間的能力・価値を代表する商標的レッテルとして社会的に流通することになる。

さらに日本的集団主義は、はずれものになるのは怖いという恐怖観念に支えられており、それは、価値観の画一化に好都合であり、そこでの忠誠競争を激化させるメカニズムをもつとともに、学校に行くことを心理的に強迫しつづけることになる。かつて(明治の初期)義務教育は強迫教育(コンパルソリー)と訳されて伝えられたが、今日では、それとは違った心理的強迫教育観が社会的に広がっているとみてよかろう。

それだけに、不登校による学校的価値からの離脱は、諸外国のそれとは違って、大きな精神的緊張と苦痛をともなっていることが理解されなければならない。

抗議としての登校拒否

同時に、この間、以上のような日本的な特徴をもつ登校拒否にも、新しい傾向が見られることにも注目したい。登校拒否の原因やその態様も多様化しているが、その中に二つの傾向を見ることができる。

かつて、登校拒否は、生徒が、学校に行かねばと心理的に強迫されているだけに、朝家を出ると頭が痛くなる、学校の見えるところまでくると腹痛を訴える、あるいは足がすくんで前へ進めなくなるといった心身症的症状をともなうことが多く、それがいわゆるズル休みとは違う点でもあった。もちろん、その際にも私たちは、その子どもたちの表のことば(学校へは行きたいのだ)とは違って、その無意識の深層に、学校と教師を、あるいはいじめる友人たちを恐怖し、拒否している心的メカニズムを見てはいた。

しかし、最近では、子どもたち自身が、そのことに意識的になってくる傾向がある。

学校と教師に抗議して死んだ長野県のある女子中学生は、その遺書にこう書きつけていた。

「学校なんて大きらい、みんなで命を削るから。先生はもっときらい、弱った心を踏みつけるから」。

彼女はこの切なく悲しいことばを残してこの世を去っていったが、同じように学校に抗議して、学校を拒否する子どもたちが増えている。

一九九三年春に立教大学を会場に行われた、登校拒否を考える会には、七〇〇名が集まり、それぞれの体験をふまえての発言があったが、その中に、その登校拒否の理由を、明確に、今の学校に行けば自分がつぶされるからだ、自分を守るために登校を拒否したのだという発言があった(『朝日新聞』一九九三年四月二六日もそのことを伝えていた)。

これは、学校に行かねばならぬと思い、家を出るが果たせないという状況から大きく変わってきているといってよい。

高校中退問題にも、同じような変化がみられる。不本意入学の学校に適応できずに、ずるずると欠席が続き、ついに中退に追いこまれそというケースがいまも多いことは確かだが、しかし、自分の将来の進路はここにはないとして、明確な進路変更、人生選択のやり直しの思いで、高校とは違う専門(専修)学校への道を選ぶ青年も増えている。彼らは、学校は行かねばならない場所であり、そこからの逸脱は、即ち社会の脱落者であり、落ちこぼれだという意識につきまとわれている、といったかつての状況とは一味違った若者たちであるところに注目したいと思う。

そして、これらの新しい傾向を含んでの登校拒否や不登校の現象そのものが、学校とは何かを鋭く問うているといわねばならない。

自分が行きたいから行くということ以外に一切の規制のない夜間中学に学ぶ人々もまた、学校とは何かを重く問うている。山田洋次監督の映画「学校」は、夜間中学をモデルに、そこで学ぶ群像を描くことを通して「学校」とは何なのかを問い、学校はこうあってほしいと鋭く訴えかけている。

三　歴史のなかの学校とその任務

隠されたカリキュラム

学校の主要な任務の一つに、文化遺産の伝達を通しての、その社会の社会的価値観の再生産がある。

ある社会が持続してその社会のエートスを保持し、ときに変容を受けつつも、その社会が、そうあり続けるために、教育制度の果たす役割は大きい。学校制度が「国家的イデオロギーの再生産装置」(アルチュセール)といわれる所以でもある。その再生産は、狭い意味のイデオロギーにとどまらず、社会のエートスの再生産と深くかかわっているというべきであろう。学校は、たんにその社会が認知し、正統性を付与している知の伝達にとどまらず、学校生活を通して生活的・集団的規則を身につけ、その社会の慣習(ハビトゥス)をわが身の習慣(ハビット)として内面化し、構えをつくる(ディスポジション)ことに有効であり、この機能は、近年、隠れた、ないしは潜在的なカリキュラムと呼ばれ関心がもたれている。

しかし、この機能は、学校が組織されたとき、すでに意識的であった。

たとえばI・カントは、その『教育学講義』でこうのべている。

「子どもはまず最初に学校に送られますが、それは必ずしも子どもがそこで何かを学ぶべきであるからではなく、そこで静かに席についていることや、指図されたことを正確に守る習慣を身につけるために……という考えからなのです」(1)。

教科を中心とした現代学校のカリキュラム論が、ようやく裏側の教育力に着眼したとき、それを「隠れたカリキュラム」と呼んだのは、それなりの必然性があるが、しかし、学校の本来的カリキュラムは、すでにカントの指摘に見られるように、この習慣と慣習・価値・態度形成に対して意識的であったのであった。その意味において「隠れたカリキュラム」は「隠されたカリキュラム」でもあった。

近代教育と秩序維持

それは、近代教育の理念史とは別に展開される現実の大衆学校の歴史をたどれば、いっそう明瞭なことである。そこでは、科学知識を教えるよりも、読み書き算(3Rs)とともに宗教・道徳教育を任務とし、社会の支配的秩序の再生産あるいは「革命の防波堤」としての役割を負って発達してきたのである。ベル・ランカスターの大量教育システムは、秩序感をもった労働者としての道徳性(モラル)と労働意欲(モラール)の形成に役立ったし、ベンサムのパノプティコン学校は、監督者の視線をたえず意識することによって秩序意識を内面化することに意図的であった。

「学校知」もまた、科学知というより「有用な知識(useful knowledge)」という枠づけのなかで、学校はその知の伝播《デイフユージヨン》のために貢献するものとして発展していった。それは秩序維持のための「限定づきの教育」であり「部分的啓蒙」であり、「革命の防波堤」ないしは動乱の「保険」とも思惟された。

なお、近代教育の本質把握とかかわって、M・フーコーの言説が引かれる場合が多い。近代教育を一面的に理想化する言説に対して、近代学校を監獄と重ねるその発想は、刺激にみちた指摘であることは認めてよい。しかし、その歴史観と歴史像に私は疑問をもっている。学校の歴史を一本調子で、規律訓練的機能であり、囲い込み機能だとしてとらえることは、歴史のひだと、その底にひそむ、抵抗的な力の存在を見失わせる恐れがあるからである。私は近代の学校史を三重構造においてとらえることを提起してきた。その一つが支配者の主導によって発展した規律訓練的学校であることは間違いない。そしてこれが、現実の近代の学校を代表するものであることは、すでに拙論でも指摘しておいた通りである(2)。

義務教育の一般化と知の制度化

学校には一定の態度形成が期待されていたことは、いわゆる支配階級のための学校においても変わらない。そこでは支配階級のリクルートのためのエートスの再生産がめざされていた。イギリスのパブリック・スクール、フランスのリセ、ドイツのギムナジウムは、支配階層の子弟の教育の場であった。たとえば、パブリック・スクールは、古典を中心とする教養の場であったが、同時にその多くは全寮制のもとでの生活共同体であり、そこでの自治と規律を中核とするエートスを共有することによって、エリート（選ばれたるもの）としての使命感（ノブレス・オブリージ）と強い連帯感で結ばれていたのであった。この点をぬきに、パブリック・スクールを語ることはできない(3)。

同時に私たちは、パブリック・スクールとその家族層が担うエートスと、庶民学校とその家族（労働者）層のエートスが、ほとんど共通点をもたないものとして存在したことを忘れるわけにはいかない。たとえば、一九世紀半ば、一つの国民のなかに、二つの国民を認めた若き政治家ジスレリーは、つぎのように書いている。

「二つの国民――その間には何らの交渉もなく共感もない。彼らは、互いに、その習慣や思想や感情について無知である。それはあたかも彼らが異なったしつけで育ち、異なった食べものの中で育てられ、異なった風俗の中で秩序づけられ、異なった法のもとで支配されているところの、異なった地帯の住人、異なった惑星の住民であるかのようである(4)」。

このような事態に対し、政治家たちは強い危惧の念をもち、一方で、国内の改良政策の一環として、義務教育の一般化と、学校制度の階梯的制度化《ラダーシステム》へとふみ出す。それは一九世紀末から二〇世紀を通して、中等教育の三分岐的構成による階層的多様化と、新中間層の再生産機能を担い、三分岐制から総合制への移行も、基本的には階級・階層性の打破ではなく、その存在を前提としてのその本来的意味での階層流動化機能を果たすものであった。(5)

こうして、その選抜のすそ野を民衆的基盤にまで広げることによって、エリートの再生産機能はより有効性を発揮するが、逆にエリート養成が、学校的形態のなかに閉じこめられることによって、エリートたちの知のあり方も大きく規定されることになる。かつてのパブリック・スクールやリセが、あるいはわが国の旧制高校が、自由な空間と少数の濃密な師弟、および友人関係のなかで、生活をともにしつつ学び身につけた教養(＝人間形成)は大きく後退し、「学校知」の枠の内で点数を競いあう人間関係のなかからは、幅広い教養と人間性をもった指導者も育ちがたくなってきているのである。

こうして学校体系の一元化は、教育機会の均等化には役立ったが、「学校知」としての規定性を初等教育から高等教育まで持ちこみ、知の制度化をうながすことにも役立ったのである。

その上、この間、「教育と平等をめぐる問題」のなかで、教育における性(ジェンダー)差別にかかわる問題が正面から見すえられることが少なかったことも指摘しておこう。

四　「学校」をめぐるディスクール

近代の詩人・作家たちの学校批判

学校が、近代に入って、生産を支える労働者の、あるいは社会の秩序になじむ市民の再生産の場として期待され、企業の大量生産方式が学校制度にも適用されて、大衆の子弟の大量教育(マス・エデュケイション)が、発展していったとき、それがもつ非人間性に対して、その時代の詩人や作家たちは、いち早く批判の声をあげていた。

イギリスの詩人、ウィリアム・ブレークは、子どもの無垢な心をたたえるとともに、学校がそれと対立し、押し殺す場になっている現実をつぎのように記している。

夏の朝　小鳥が木々で
さえずる時に　起きるのが好きだ。
遠くで狩人が　角笛を吹き鳴らし
ひばりがぼくの歌に合わせて歌う。
ああ！　なんて楽しい友よ！

だけど　夏の朝学校に行くのは
ああ！　喜びをすべて追い払うことだ。
疲れ切った無情な目に監視されて
子どもらは昼間を過ごす。
ため息をつき　うろたえながら……

喜びを味わうために生まれた鳥がどうして
籠に留って　さえずることができようか……

ああ！　父よ母よ、蕾が摘みとられ
花が吹き飛ばされたら、

どうして喜び溢れて夏が訪れようか、(6)
夏の果実がなるだろうか。

制度としての学校は、子どもたちを学校的価値のなかに囲い込むだけでなく、教師の人間性を疎外する。イギリスの作家D・H・ローレンスは、制度化が進行した段階での小学校の教師の体験を通しての、教育に対する鋭い批評家としても知られているが、彼はその作品『虹』のなかで、制度が期待する教師像をつぎのように描いている。

「人間的な自分を棄て去らなくてはいけないのだ。ある物質、すなわちクラスを材料として、生徒たちに毎日これこれだけを教え込むという確固たる目的を達成させる仕事をする道具、一個の抽象としての教師にならなくてはいけないのだ。（中略）学校ではもはや自分自身であってはいけない。第五学年担任だけになり切ること。これが自分の義務だ。（中略）彼女には子どもは見えなかった。やるべき仕事だけが見えた」(7)。

彼は、一九一八年に『タイムズ教育付録』に頼まれて書いたが未発表に終わった「人民の教育」という原稿にはこう書いていた。

「地球上に哀れな人間がいるとするなら、小学校教師がそれだ。一団の生徒たちの上にある種の惨めな理想主義的権威を持っていると思い込んでいるが、そんな権威なんか親たちは嘲笑し軽蔑している。なにしろ親たちは教師など自分の思い通りに動かせると知っているのだから。「教えてやろうか、あんたの給料をおれは税金から払っているんだぜ。このおれがあんたの雇い主なんだ。だから、うちの子をちゃんと扱ってくれよ。さもないと市役所へ訴えに行くぜ。」こうした言葉を聞いてジミーやナンシー〔生徒たちのこと〕は快哉を叫び、人間の尊厳の聖なる炎の守り手たる教師は、自分の首が危ないとふるえ上がる」。

権利としての教育を求めたW・ラベットが、一八七〇年のフォースター法によって国民教育制度の基盤がつくられたとき、それを「みじめなまがいもの」と評したことも想起されてよい。

脱学校論の提起する意味

義務教育を軸とし、人間選別の機構と化した学校教育の制度が、人間の原理に対立する方向での逆機能(ディスファンクション)を強めている現在、その変革を求める声は、いまや国の内外にみちている。それは日本を越え、現代社会に共通する問題性をもっていることも明らかである。欧米では、I・イリッチやライマーらによって脱学校(deschooling)が主張され[8]、ときにそれは反教育論へとエスカレートしている。

イリッチの主張には疑問も多いが、彼の脱学校論のもつ、義務就学制度としての学校制度批判には共感できるところも多い。

彼は「公立学校の現象学」的視点から、学校をつぎのように定義している。

「私は「学校」を、特定の年齢層を対象として、履修を義務づけられたカリキュラムへのフルタイムの出席を要求する、教師に関連のある過程と定義する」[9]。そして「今日学校の中で消滅させられつつあるのは、教育そのものなのである」[10]。

「すべての人にとって義務であるような儀礼は、あってはならないのである」[11]。

「国民国家は学校を採用し、全国民をそれぞれが等級づけられた免状と結びつく等級づけられたカリキュラムの中に義務としてひき入れたのであるが、それはかつての成人式の儀礼や聖職者階級を昇進していくことと異ならないものである」[12]。

その批判の対象とするものが、就学を強制している義務教育であり、卒業資格が意味をもつ学歴社会、ディプロマ社会であることは明らかである。

しかし、彼の言説は学校改革ではなく、学校の否定に終始する。

どこに出口を見つけるか

問題は、学校を破壊(廃止)すればことはすむのかという問題である。この点とかかわって、H・ギンティスのイリッチ批判は興味深い。彼は、イリッチの現状への批判については賛意を表しつつも、その批判が単純な「否定」に終わるその思考方法を問題にしてこうのべている。

「〔イリッチは〕社会関係の分野一般において彼が否定を超え得なかったことの代償は、全く奇妙なことに現存の秩序の最深部の諸特性を無条件に肯定していることである。労働を拒否しながら、イリッチは、労働が必然的に人を疎外することを肯定している——そして資本主義の容認を基礎づけている根本的ペシミズムを強化している。……操作的、官僚的「配分システム」を拒否しながら、彼は、放任主義の資本主義モデルとその中核的な制度を肯定している。学校を拒否しながら、彼は、教育における物神崇拝的カフェテリア—バイキング(セルフサービス的)の理想を採用している。……あらゆる場合において、イリッチの分析は、所与のものを越えて進むことができず、それ故にそれを肯定している」[13]。

要するに彼の否定は、いわばアンチ・テーゼに終わっており、ジンテーゼ(総合)へと向かわず、そのペシミズムは、深部での現状を支える構造を不問にすることによって、それを結果的に肯定することになっているというのである。

このギンティスが、ボールズとともに著したアメリカ資本主義と学校制度の関係についての考察[14]は、学校の発展が、平等主義者の期待に反して、社会の民主化に寄与したというよりも、社会階級の再生産に役立っていることを豊富なデータをもって論証した問題提起の書であり、学校教育の普及を通しての社会改革という幻想を封じるうえで、大いに貢献したといえる。

しかし、この理論にも弱点がある。彼らは、土台と上部構造に関する「対応」理論的な単純化を犯しており、学校内部の複雑な構造と実践、国家と教育の関係についての、教育内在的視点を欠いており、それだけに、教師の変革的実践の役割を無視する結果となっているからである。

M・アップルは、この点を批判してつぎのようにのべている。

「〔彼らの理論は〕正規のカリキュラムの内容と形式について、その本質をとらえきれていない。また同様に重要なのは彼らは生きている文化(lived culture)の現実を無視している。彼らは、普段は学校の内部に入らないし、教育的な機関・制度の内部的諸特質や実際に生徒や教師が何をしているかについて詳細に調べようとはしない。このために彼らは、生徒と教師は完全に〈規定されており(determined)〉学校が教えていると考えられる何かを受動的に受け止めていると仮定する。このようにして、これらの理論は、どのように階級文化が働いているか、およびどのように階級・ジェンダー・人種による抵抗が学校やその他の機関のなかで起こっているかについての理解に欠けるという重大な弱点をもっている」(15)。

アップルはまた、学校の機能を論じ、こうのべている。

「学校は労働力を選択し、それを保証するのに積極的に役立っているという点で、再生産機関である。……しかし学校は再生産以上のことをしている。学校はまず、権力集団の文化や知識の形態と内容を取り上げることにより、続いてその形態と内容を、保存され伝達されるべき正統な知識として規定づけることにより、文化的手段の特権を維持するのに役立っているのである。……したがって、学校はまた、事実上の支配的文化の創出と再創出という点においても原因となっている。つまり、学校は、支配者集団のイデオロギー的ヘゲモニーに貢献するような規範や価値、性向、文化を教えるのである[16]」。

彼は、単純な再生産論と配分論をしりぞけ、学校が「社会的分業のために人材輩出に果たす役割」と「文化資本の生産様式としての学校の位置との間に、きわめて複雑な相互作用がある」ことを指摘している[17]。

問題は学校知がいかに再生産され、技術知としてその流通が管理され、コントロールされているかである。高度情報知識社会では、その生存の勝敗は、大学・研究所や学校をいかにそのコントロールのもとにおくかであり、国家は科学技術政策を通して、実はこの科学技術知の生産と配分、その正統化に寄与しているのである。しかし、事態はそこで終わるのではない。教育制度は、正統化された知、あるいはそこを通すことによって正統性が付与される知の配分の機構にとどまらず、その知の生産にも大きく貢献しているのである。

再生産論といえば、P・ブルデューの『再生産論』(*Reproduction*, 1970)を想起しないわけにはいかない。この著作も、学校制度が社会階級の再生産の機能をもつことを鋭く指摘し、「民主主義の担い手としての学校教育」(解放教育)への素朴な信頼に対する批判的省察(reflexion)を行ったモニュメント的な著作である。

ブルデューの場合、この再生産は単に経済的な視点からの階級の再生産ではなく、文化資本

性をもつ空間であるととらえている。(18)

この著作に対しても、近年、B・バーンシュタインは批判的検討を行っているが、一九九三年春の一橋大学での連続講義でもその批判を展開していた。その際配付された資料によれば、彼はブルデューの、教育空間の「相対的自律性」のとらえ方を批判し、教育的装置(the pedagogic device)の内的構造を詳細に分析し、そこでのミクロな構造と社会＝教育のマクロな構造を統一的にとらえるモデルをつくることに意欲的にとりくんでいる。

問題はその際、批判的な実践や制度改革の運動がどう位置づけられているかである。

アップルの主張は、その点で、一歩をふみ出して共感できる。彼はこうのべている。

「保守派の攻撃の只中で、社会的に批判的でかつ教育的に民主的な教授法とカリキュラムのモデルを成功的に築きあげている教育者と活動家がいる。このことは、女性とマイノリティ・グループの教育をめぐる闘争のなかでしばしば起こっている。われわれの課題の一つは、これらの成功を公けにするために研究の努力をすること、つまり闘争に関与する多くの人々が、支配的な関係に抗して行動し教育において今勝利することが可能であることを理解できるような方法で、研究し書くことである。われわれが、現在カリキュラムを民主化し、広く学校教育を民主化するための闘争に従事している何千もの教師を支持することは、大変に重要である。それゆえ、批判的教育研究は、間違っていることを厳密に批判するだけでなく、善いことを肯定し公表する必要がある。これもまた、私が先に述べた批判的実践と批判的研究者との間のより密接な仕事上の協力関係を導くものである(19)」。

五　学校を問い直す

学校をめぐる諸言説

わが国においても、学校をめぐる状況は困難を増し、教師の悩みも深い。それにともなって、学校をめぐる諸言説も、学校が果たしている否定的な側面や役割に注目が集まり、このような否定的状況認識を分析の出発点にせざるをえない現実がある。教育集会や子ども相談の中で、学校のあり方に対する根本的な問い——学校の存在そのものへの問いが問われる場面に立ち会うこともしばしばである。父母と子ども自身が、学校との関係の取り方に、自覚的であらざるをえないところに立たされている。

不登校・中退・摂食障害など、困難を抱えた子どもたちを、炭坑における空気の汚染を知らせるカナリアに例える人もいる。「子どもたちの内なる声」に耳を傾け、学校と子どもの関係をつくりかえようとする人たちからの、学校を問い直す問題提起もなされている。

これらの問いを分節化して、学習の意味、学校での人間関係の現実とあるべき姿を問わねばならない。

その際、制度としての学校を、その制度固有の構造と自動メカニズム、その人材配分の機能とともに、競争と管理が呼びおこす人間関係の抑圧的な性格の再生産の必然性を明らかにすることが求められている(一章、二章参照)。

国民的規模に制度化された義務教育、その上に能力競争と選別の機能の期待のもとで階梯的に構築される中等・高等教育制度の歴史・社会的性格。それに加えて、そのヒエラルヒッシュな制度的秩序を通して、そこで学ばれる「知」が「学校知」としてオーソライズされ、正統化、規範化され、さらにその知そのものが、学校制度序列に対応し、あるいは学問間の序列と連続して知の序列化、正統化が進行している。

社会の資格社会化がすすめば、資格獲得のための出題者と試験問題(例えば、公務員試験や司法試験の出題者に誰が任命され、どういう問題が出されるか)が「知」の正統化、序列化をうながす機能をもってくる。「知による支配(エピステモクラシー)」(P・ブルデュー)の問題である。

現代では序列的学校制度と学校知の伝達＝学習のメカニズムを通して、学校の社会的任務が全社会階層をまき込んでの競争をうながし、刻印付け(落ちこぼれのレッテル)と聖別化(あいつはできる奴だ)を行い、そのことによって人材の社会的配分と社会の秩序の再生産が行われている。

このこと自体は、欧米諸国においても、共通の現象であり、また発展途上国においても、学校制度の果たす役割は、いわゆる「後発効果」(ドーア)を伴って、競争と選別の機能をいっそう顕わに示すものとなっている。

その「後発効果」のなかには、教育内容に対する権力的介入と、教科書制度への統制が重なっているだけに、その「学校知」の正統化、規範化、そして序列化機能もいっそう強化されてくる。

それだけに、わが国の学校知問題を論ずる時にも、欧米文献の紹介だけの視点では不十分であり、それ自体が知の序列化を補強するに過ぎない場合もある。

そこでは、わが国の教育内容行政、教科書検定による統制＝正統化機能を視野に入れることが不可欠であり、加えて、旧帝国大学中心の高等教育序列を戦後もなお引き継いでいる社会意識の問題を考慮することが、日本の学校問題を歴史・社会的にとらえようとする時に不可欠の視点となろう。

あるべき学校文化を求めて

制度化され、管理された学校に、なお、生きいきとした教育の営みが存在しうる根拠を見いだすことは難しい。その困難を切り拓き、学校を再生させる力をどこに求めたらよいのか。

カプセル化した「学校知」の伝達工場のイメージを返上して、人間的な根源的な活動としての学びをとりもどし、わかるよろこびが保障される時間と空間としての学校はどうすれば可能となるのか。

いまや子どもの生活リズムを支配する主旋律ともなった学校生活を、親密な人間関係と同義に語られる共生(コンヴィヴィアリティ)の関係空間につくりなおすことは幻想にすぎないのか。

学校に期待される人間形成力と、制度としての学校にはたらく社会的「磁場」との緊張関係をどうときほぐすのか。家族の期待と産業社会の要求はこの磁場をどのように規定しているものなのか。

学校という、子どもの生活から「遊離」した形態を生み出したのは、人間労働が生み出した剰余とゆとりであるが、そこで保障されている学習の機会が、現在では逆に人間の成長・発達をゆがめる機会ともなっているのではないか。

それとともに教員あるいは教師は人びとのあいだにどのようなイメージをもってとらえられてきたのであろうか。独特の響きを持つ学校文化、教員文化とは何なのか。組織の一員としての教員が子どもに向き合う教師になろうとするとき、それを励ます新しい学校文化の創造は可能なのか。

学校空間が、「教育の場」なるがゆえに市民社会から隔絶され、さらに古い特別権力関係論が生き残ることを許しているという現実に対して、とくに教師間の関係、教師と父母の関係のなかに市民的平等の感覚が回復されるべきことは重要だが、その上にさらに、教育空間であるがゆえに、教室には大幅な自由が保障され、子どもたちは、失敗を繰りかえし間違える権利を含んで、考え直し、やり直しの可能な親しみの場となり、あるいは時に悪ふざけやばか騒ぎも許される解放的空間でもなければならない。

それは〈市民社会では許されるが学校では許されない〉という関係ではなく、〈市民社会では許されないが学校では許される〉という、そのような空間でなければならないだろう。教育の本質が自由を要請するとはこのことを含んでいる。

逆にまた、人権と相互の人格の尊厳を学ぶ場である学校で、教師による体罰や、仲間のあいだでのいじめが、この人権と自由の空間になじまないこと、それを犯す行為に対しては、いっそう厳しい態度が望まれるという特殊性もまた強調されねばならないだろう。

学校は学校の内側だけからは見えてこない。それを対象化し、相対化するなかで多くの問題が見えてくる。

それはたとえば、帰国子女の目には日本の学校が異様な風景と習慣の場とも映ってこよう。あるいは生涯教育の発展の中での学校の役割、情報ネットワークの発展による教育の新たな可能性、学校外の子どもの生活に圧倒的な影響力を持つマスメディア、マルチメディアの波など、社会の大きな変動の中で、学校の役割もとらえ直されねばならない。

さらに子ども、生徒の人間的成長を軸にすえ、「学校」を「発達と教育の相」のもとで見すえた発達教育学的視野からの学校論が求められているのである。

六　学校知の問題

制度化された知

現代のわが国の問題に即して、学校知の問題をさらに考えてみたい。

今日の日本の学校での知識の生産とその伝達のあり様は、教科の授業をその基本形態とするが、その内容はまず、学習指導要領によって枠づけられ、教科書検定によって規定され、教師の教育観と教育技術によって規定されている。加えて今日、学校知を規定するものとして忘れてならないものは入学試験であり、それと連動して動いている塾とテストによっても、大きく規定されているという問題がある。その上で、これらの規定された「知」は、最終的には学ぶ主体の側のレディネスと、それまでに身についている認識的枠組とパースペクティブ(視座)によって、変容を受ける。

学校が学年制をとり、一年間ないし学期区切りのなかで、その活動が分節化され、教育内容が教科ごとに、一時間ごとに区切られていることを考慮して、教科書もまた構成されていく。学校の制度化は、知の配分の制度化であり、さらに知そのものの制度化に他ならない。それが社会的要請を支えとし、政策的ルートを通してつくられていくものであることは、教科書問題を想起すれば明瞭であろう。

その知のあり様を、学校知あるいは教科書的知識と呼ぶとすれば、これらの知識は、いわば間仕切りのなかの知識、キャプセル化された知識であり、それが広がって、つながっていかないという問題がある。

知識が間仕切りされ、整理された引き出しにおさまっていれば、テストに対しては素早く反応することができるかもしれないが、生きて働く本当の「知」のあり様という視点からみると、大きな制約をもっている。

その上「学校知」は、教科書検定による枠づけがない場合にも、進級試験と上級学校の入学試験によって規定されている。この制約をどう越えさせるかに、教師は意識的に取り組まねばならない。つまり、どうすれば教師は、子どもたちが自分で知識をつなぎながら、それをひとつの意味体系のなかにおさめ、それを自分の内部に根づかせて、そこを醱酵源ないしは温床として新しい芽を伸ばすことができるのか、このことが大切なことなのだといってよい。

それが可能かどうかは、学ぶ主体の学び方、学ぶ構えのありようとも深くかかわっている。人間にとって学ぶ活動は、ルソーがいみじくも「人は生まれるや否や学びはじめる」と書いたように、それ自体根源的活動であり、人間の知的探求心は、探求反射とも呼ばれていたほどに本源的であり、すべての子どもに共通のものである。探求が発見につながり、喜びにみたされる経験が重なるなかで、その探求心も強化される。このようにして探求的態度、構えが形成されるかどうかは、その後の学習のあり方に大きく作用する。幼児期から少年期を通しての教育はとくにこの点に留意すべきである。この態度や構えが、間仕切りされた知を受けとめて、自分のなかで再構成する力、新しい知を「わかった」と了解し、自分の認識枠につつみこみ、その枠そのものを変えていく力となる。コンプリヘンジョン(了解)とはまさしくこのことに他ならない。それは分解するわかり方ではなく、分けられた知を包摂し、つなぐわかり方である。学校知が分けられた知だとすれば、これを主体の力でもう一度咀嚼《そしやく》し、了解知としてたくわえることが必要なのであり、その力をつけることこそが本来的な意味での教育だといえよう。[20]

七　学校再生の視点

一九四五年の敗戦を期に、憲法・教育基本法がつくられ、新しい学制が発足したとき、教育と学校についての考え方も大きく変わった。教育は国家への国民の義務から、人間の権利となり、学校は国家の期待する国民道徳形成の場から、真理と平和をめざす人間形成の場となることが求められ、学校をつくり、支える仕事も、国民自身、住民自身の権利であり責任であると考えられた。新制中学が発足したとき、村の人々は村おこしを教育に賭け、たとえばある部落では鎮守の神木を伐ってその金を学校建築の資金に当てた。その時、学校はお上がつくるものではなく、自分たち自身の手で、自分たちの子どもと自分たちの村のために、自分たちが力を尽くすべきだと思念されていたといえよう。村は学校を支え、学校は村を育てるものとして期待されていた。

教師と生徒の関係も大きく変わった。『二十四の瞳』の大石先生と子どもたちのつくる世界は、学校と教育の範例として、いまなお生き続けている。

あるいは一九六〇年代、女性の社会進出がめざましく、それと連動して保育を共同化する保育所づくりの運動が広がったが、そこにみられる子育てについての考え方のなかには、子どもをわが子としてだけみるのではなく、他人の子どもとともに幸せに育ててほしいという連帯感があった。教育は子育てと一体のものとして意識されてもいた。それは一人ひとりの思いをみんなのものとしてつないでいこうとする、新しい公共性《パブリック》の感覚・観念の揺籃《ようらん》でもあった。

社会教育・生涯学習の展開も、教育を学校に閉じ込めるのではなく、時間的にも空間的にも学校の枠を越えて、いつでも、どこでも取り組める、自分たちの生涯を通しての権利としてとらえていこうという、市民意識の成熟が支えていた。

権利意識の高揚は、国際的な動きともひびきあっていた。

一九四五年を起点とし、国連憲章、ユネスコ憲章(一九四五年)、そして世界人権宣言(一九四八年)から人権規約(一九六六年)、ユネスコ学習権宣言(一九八五年)、さらに子どもの権利条約(一九八九年)への発展は、人間(子ども)と教育に関する人類の思惟の歴史的展開を示すものである。障害者の権利(一九七五年)、女性差別撤廃条約(一九七九年)そして先住民族の権利年(一九九三年)は、人権の内容がゆたかに展開される新たな契機ともなっている。

なかでも、ユネスコの学習権宣言には、学習こそがキー・ワードとなることがうたわれ、問いを問い続ける権利としての学習権が、同時に歴史を読み解き、歴史をつくる権利と一体のものとしてとらえられている。その問いの中核にあるものは、今日では共生への問いといってよい。人間と自然の共生、南と北の、あるいは先住民族との共生、おとなと子ども、男と女の真に自由で平等な共生への問い……。

また、子どもの権利条約には、「子どもの最善の利益」の保障を軸として、古い世代の配慮の必要とともに、子どもを権利要求の主体として認め、子どもたちの思想・信条の自由、意見表明の権利を書き込んでいる。子どもたちがどう生き、どう扱われるかが現代文明の未来を決定するといっても言い過ぎではない。

以上のような人権としての教育の思想を前提として、つぎに、学校が民衆的公共性を基盤として再生し、個人と社会にとっての有用性を発揮するための若干の視点をまとめておこう。

1　学校制度が国家権力の介入のもとで管理・統制されているその制度のあり方が、抜本的に改革され、教育の自由と自律性の原理が貫徹されねばならない。「義務教育」の観念は、廃棄・止揚さるべきである。

2　現代の学校は能力＝学歴主義原理によって一元的に序列化され、学校制度はその一元的価値（その内実は偏差値）にむけての競争と選別のシステムとなっている。この制度は、多元的価値意識のもとで多様化され、各人の個性が尊重される学習＝教育の場へとつくり変えられなければならない。「能力に応ずる教育」は「発達の必要に応ずる教育」としてその内容がとらえ直されねばならない。

3　教育内容が、現実の矛盾を切りひらく力量形成という観点から精選され、二一世紀にふさわしい、「地球時代における国際社会」において主体的に生きる市民的かつ世界市民的力量を形成することに役立つものでなければならない。

そのためには、現代が地球時代（グローバルエイジ）への入り口にあり、国際社会（インターナショナル・ソサエティ）が、各ネイションの独立、民族のアイデンティティを軸としつつも、それを越えて結びあう新しい国際社会の秩序をどうつくるか、自由・平和・共生の地球をめざし、各人がそのことにどのように貢献しうるかが、教育内容構成の大事な指標となろう。そしてこのようなコンテキストのなかで、環境問題、南北問題、そして人権と平和と国際連帯に役立つ教材が多様に準備され、生徒たちの未来が、解決さるべき課題にみち、それへの取り組みが意味をもつ未来が待っているのだと感じとれる教育と学習が保障されなければならない。憲法九条も一国平和主義の枠ではなく、新しい国際社会秩序形成の軸となりうる誇るべきものとしてとらえ直すことが重要である。

4　教師と生徒の人間関係が、時に学問的権威を背景に進路指導担当者としての権限をともなって、権力的なものへと転化しがちな、あるいはまた意識的・無意識的な抑圧的関係に転化しがちな現代学校の関係性が問い直されなければならない。少なくとも教師は、教師が教師であることにともなう抑圧性について、自覚的でなければならない。（これは親が親であることによる抑圧性と同型である。）

5　学習観・学習の質が問われている。

人間は、生きる意味を問い続ける存在であり、その想像力に希望を託すことを通して、現実に根ざしつつ現実を超え出る理念を生み出し、その実現をめざすことを通して、不断に現在を超え出る創造的な存在である。学習するとは、問いをもち、問い続け、現在の自己を超え出ることに他ならない。それを人間存在にとっての不可欠の権利として感得できるような学習が保障されなければならない。

6 「人間形成と教育」の視点から、学校は相対比される。

教育は、誕生とともに始まり、まずは家庭教育として、子どもの人間発達、人格形成の全般にかかわる。しかし、人間形成は教育に解消されるものではない。教育を〈発達にかかわる意図的な働きかけ〉と規定すれば、〈この教育を含み、無意図的な働きかけや影響力とその結果の全体〉を形成と呼ぶのであり、その意味で形成は教育より広義の上位概念だといってよい。またそこでの教育には慣習＝習慣の形成といった「隠れたカリキュラム」の問題を含み、社会性、道徳性の教育も含まれている。知育はその一部に他ならない。

人間形成の道筋には、家族、地域社会、マスコミ等の全体社会の形成力を前提として、保育園・幼稚園から学校を通じて、仲間集団のなかでの育ちあいがある。学校は知育を本来の任務とするが、同時に集団的・自治的活動の場であり、二つの機能は相補い、支えあいながら、人間形成に寄与することを期待されているのであり、現実の学校が人間発達・人格形成をスポイルする危険をともなっているとすれば、その改革・改善の努力は学校の内・外から、教師と親、そして子どもたち自らの手で、日常的に重ねられていかなければならない。（なおこれらの諸視点は終章で再論する。)

注

(1)　I・カント『教育学講義』伊勢田耀子訳、明治図書、五一頁。寺崎弘昭は、このカントの言説にもふれながら、「教育史はハビトゥス－エートス形成史でなければならない」という(寺崎「教育関係構造史研究入門」『東京大学教育学部紀要』第三二巻、一九九二年

(2)　堀尾『現代教育の思想と構造』岩波同時代ライブラリー、一九九二年、第一部、第一章参照。拙論では近代の学校と現代の学校が、どのように連続し、どのように断絶しているか、その断絶と連続の構造を理念とイデオロギーと現実の関連に即して明らかにしようとした。なお、近代の学校史を問題にする論者のなかには、この拙論の全体的構造にふれずに、フーコー的言説によりながら、拙論を近代教育を美化するものとして批判するものがあるが、納得できない。なお、フーコー理解に関して付言すれば、彼の『精神疾患と心理学』(みすず書房)を訳出した神谷美恵子は、その訳者あとがきのなかでこう書いている。

「臨床の場で精神病者の治療にとりくんでいる者としては、哲学者フーコーに対して、いろいろな言い分はある。しかし、ともすれば先人の業績の上で眠りこみがちなわれわれにとって、フーコーの仕事は挑戦的な点が少なくない。覚醒と前進のためには、ゆさぶりや破壊さえも、時には要請されると思う。少なくともそのようにフーコーの仕事を生かしたいものである」と述べ、「本格的対決」が必要なのだと述べている。私も神谷氏のそのような姿勢に学びたいと思っている。

(3) 小池滋『英国流立身出世と教育』岩波新書、一九九二年参照

(4) B. Disraeli, *Sybil, the Two Nations*, 1845, Penguin books, 1945, p. 73

(5) 堀尾、前掲書、九〇―一〇六頁

(6) 『経験の歌』より。ピーター・カヴニー、江河徹監訳『子どものイメージ』紀伊国屋書店、一九七九年、六二―六三頁

(7) 『虹』、小池、前掲書、一八五頁より。傍点堀尾

(8) Ivan Illich, *The Deschooling Society*, 1970, E. Reimer, *School is Dead*, 1971, John Holt, *Freedom and Beyond*, 1972, etc.

(9) イリッチ、東・小沢訳『脱学校の社会』東京創元社、一九七七年、五九頁

(10) 同右、五三頁

(11) 同右、三〇頁

(12) 同右、二九頁

(13) H・ギンティス「教育の経済学のために――イヴァン・イリッチの『脱学校の社会』についての根本的一批判」『脱学校化の可能性』(*After Deschooling, What?* 1973) 松崎巌訳、東京創元社、一九七九年所収、八〇頁。なお訳語は一部変えたところがある。

(14) S. Bowles & H. Gintis, *Schooling in Capitalist America*, 1976,『アメリカ資本主義と学校教育』I、II、宇沢弘文訳、岩波書店、一九八六―八七年

(15) M・アップル、「批判的教育研究の構想」長岡彰夫・池田寛編『学校文化への挑戦』東信堂、

一九九三年所収、同書一一二—一一三頁

(16) M・アップル『教育と権力』浅沼・松下訳、日本エディタースクール出版部、一九九二年、六五—六六頁

(17) 同右、七〇頁

(18) 私自身はブルデューについては、その「再生産論」には出口のないペシミズムを感じ、永く違和感をもち続けていた。フランスでも、この「再生産論」に対しては、歴史家A・プロストが「不毛の社会学」と題して批判的書評を行っていた(*Esprit*, 1970, 12, N°. 398)。しかしブルデュー自身、一九八〇年半ばには教育改革にコミットし、彼が中心になってコレージュ・ド・フランスの教育改革案「未来教育のための提言」(一九八五年)をまとめ、さらにカリキュラム改革案についても、教育内容検討委員会の委員長として「教育内容検討のための諸原則」をまとめている。なお前者は『世界』一九八八年三月号、後者は『世界』一九九〇年五月号に、私が中心となって訳出・紹介した。この間の推移を見れば、彼が単なる客観主義的決定論者ではないことがわかろう。詳しくは、彼が来日した時の鼎談「いま教育に何を求めるか」(『世界』一九九〇年五月号、堀尾輝久対談集『教育を支える思想』岩波書店、一九九三年所収)を参照されたい。

加えて、彼は、日本の家永教科書裁判にも深い関心を示し、家永氏の勇気をたたえ、その正当性をみとめ、日本の最高裁に対して正当な判断を下すようアピールを発表している(その概要は『法律時報』一九九三年七月号の座談会での堀尾発言(三一頁)で紹介したので参照されたい)。アップル氏も、一九九三年夏にウィスコンシンで会った折りにこの裁判への強い関心を私に語ってくれた。

同席していたイギリスのJ・ウィッティ氏(カリキュラムの社会学)も共感してくれた。

再生産論を認識することは、そのあり様をそのまま肯定することではない。社会の法則的認識は、その変革への道を閉ざすものではない。重力の法則の認識があって、はじめて航空機の飛翔が可能であるように。これもブルデューの主張である。

(19) M・アップル「批判的教育研究の構想」前掲書、一七頁

(20) 詳しくは、堀尾「学ぶことと子どもの発達」岩波講座『教育の方法』第二巻、一九八七年、堀尾『教育入門』岩波新書、一九八九年、また教科書問題については、堀尾『教科書問題』(岩波ブックレット、一九九二年)参照

第四章

ゆらぐ学校信仰と再生への模索

一九八〇年代の半ば、ちょうど臨時教育審議会と重なる時期に、私はある県の教育研究集会で講演をする機会があった。与えられたテーマは、「父母のねがいがとどく学校、子どもの可能性を引き出す学校」であった。そこには父母の参加も多いと聞いた。こういう教師の主催する研究集会に父母が参加し思いを伝えあう機会は、最近ではめずらしくなっている。問題は、しかし、ともすれば対立的関係になることの多い父母と教師が話し合えば、ことは解決するといった易しい問題ではない。そのような状況そのものの深い認識と、そのよってきたる原因、問題の構造を正確にとらえることがなければならない。

本章では、七〇年代から八〇年代における子どもと学校の変化を中心にその変化の質、変化を起こした原因、それをめぐる論議と政策の動向を考察し、子どもたちの居場所としての学校の再生をめざす努力の中に、真の改革の方向をさぐりたいと思う。

一 子どもと学校の状況――一九七五〜一九九〇年

子どもの人権侵害の広がり

（1）日本の子どもは大事に育てられているように見える。しかし、いじめ[1]、体罰[2]、不登校[3]、自殺といったケースは、学校と教育という、ほんらい命を育《はぐく》むべき場所がかえって人間発達をゆがめ、そこでの人間関係が命を縮める原因となっていることを示している。

八〇年代の半ば、学校に抗議して自殺した長野県の中学生の遺書には、「学校なんて大きらい、みんなで命を削るから。先生はもっときらい、弱った心を踏みつけるから」と書かれていた。瀬戸の島の「風の子学園」での、罰としてコンテナに閉じ込められて死亡した男女二人の中学生の事件（一九九〇年）は、「非行ゼロ」の研究指定校で、教師と親が相談の末、教育委員会の紹介でこの学園に子どもを送ったことを知ると、これは現代的、集団的な子捨ての結果だと言いたくなる。神戸高塚高校の校門圧死事件（一九九〇年）は生徒指導の研究指定校でのでき事であった。障害を持つ仲間の中学生を、数人で蹴り殺した事件もあった。大河内清輝君のいじめによる自殺（一九九四年）の後も、いじめによる自殺は続いている。

（2）子どもたちの受難は幼児期から始まっている。地域社会が変貌し、小家族化、少子化がすすみ、親たち、とくに母親が子育ての責任を背負い込むなかで、育児ノイローゼが増え、子どもの成長に悪影響を及ぼしていることが指摘されている。児童虐待は、精神的虐待も含めて、広がりをみせはじめている。

教師の体罰による人権侵害も後を絶たない。一九七〇年代の初め、大学から高校へと紛争が広がる中で、生徒の校内暴力が対教師暴力へとエスカレートし、それに対抗するように教師による体罰と管理の強化がすすみ、非行は一見鎮静化したように見えて陰湿化し、「学校砂漠」的状況が広がった。体罰がエスカレートするなかで、クラブ活動での先輩によるしごきを当然視する傾向もある。ボス教師が指導のためにと若手教師をなぐるような学校もある。

日弁連も、子どもの人権問題に積極的なとりくみを始め、「子どもの人権一一〇番」もつくられた。

（3）日本の社会と教育が競争主義の原理に取り込まれるなかで、目に見えないが、しかし子どもたちの心の奥深く染み込んでいる、排他的で、しかも自己抑圧的な心性に苦しんでいる子どもたちも多い。子どもの人権侵害は、教育の領域では目立たない仕方で、それと気づかず、日常的にも行なわれている。

検定済み教科書に何の疑問も持たずに、ひたすらそれを教え込む教師。教育評価の問題も重大である。落ちこぼしを出さず、すべての子どもにわかる授業をと、熱意を燃やす教師が、通知表をつける段になって、五段階相対評価法にしばられて呻吟《しんぎん》する姿はいたましい。内申書が、本人にも親にも知らされない秘密文書であることは、それが教育のためではなく選別のための手段であることを示している。医師のカルテは患者のためのものであり、教育評価は生徒のためのものだという鉄則が、ここでは通用しない世界となっている。このことを矛盾とも感ぜず、逆に内申書を、生徒管理の手段として利用する教師も多い。内申書体制は、子どもの自由の日常的で陰湿な抑圧体制に他ならない。

就学期を迎えての教育委員会の対応にも問題がある。障害を持つ子のために、一年間の就学猶予をねがい出たのに対して、教育委員会は「一年猶予したら知恵がつきます。あなたは、知恵がついたらお子さんを普通学級に入れる気持ちでいるのではありませんか」と言われたある母親は、「知恵がついて普通学級が望めるようになればとてもすばらしいことなのに、どうして知恵がつくことが困ることのように言われるのか、と愕然《がくぜん》とした」と語っている。

これらの事例は、いずれも、今日の子どもをとりまく環境、条件のなかで、子どもの人権と子どもの権利が、明らかに、あるいは陰湿なかたちで、侵されていることの例示である。

なかでも、八六年二月、東京・中野の富士見中学校で、「俺だってまだ死にたくない。だけどこのままでは生きジゴクだ」という遺書を残して鹿川裕史君が命を絶った事件は、近年のいじめの持つ複合的な問題を集中的に示していた(4)。

ツッパリグループの使い走り役にいや気がさして、抜け出そうとする鹿川君へのいじめがつのるなかで、級友も親も教師も頼りにはならなかった。鹿川君を死者に見立てての葬式ごっこに、担任を含む四人の教師が関与していたという事実は、子どもとその状況を読む教師の目が曇り、その人権感覚が鈍麻していることをあらわに示すものであった。

その日が最後になった学校で、ボスたちに靴を便所に投げ込まれて困り果てている鹿川君を見て、黙ってそれを拾い上げて水道で洗ってやり、「自分にはこれだけのことしかできない」「お父さんに警察に訴えてもらうか、転校する以外に道はない」ともらす担任教師の姿を想像することは、それが五十歳を過ぎたベテランであっただけにあわれであり、葬式ごっこに加わった気持も察せられて、いっそう暗い気持ちになる。学校がいじめの場となり、教師もそれに荷担しあるいは無力にやり過ごし、学校と教師はマスコミにいじめられ、教育委員会は処分で体面をつくろうという、いじめの連鎖的構造がみえてくる。

こんななかで苦悩する子どもたち。かれらはせつなくつらいのだ。たとえば、つっぱりの女子高生の「私には居場所がないのよ」ということばにその問題の状況は鋭く表現されている。(5) なぜつっぱり、なぜ登校を拒否するのか。学校に自分の居場所がない、そういうふうにしか感じられない、そんな場所に毎日通わなければならない。このことばは現在の学校の状況への身体ぐるみの反応をよく示していよう。

そして親たちもまた、その悩んでいる子どもにどういうふうに助言をしていいかわからない。学校にものを言えば、逆に教師の「指導」を通して子どもにハネ返ってくる。子どもへの親の思いが、逆に子どもにとって抑圧となる場合も多い。

苦悩する教師

教師もまた悩み抜いている。とくに臨教審の改革論議とからんで、この時期、現場の教師に対する風当りがひじょうに強くなった。マスコミなどもそれに荷担し、教育荒廃の元凶として、教員組合のかたくなさと教師のだらしなさに攻撃が集中した。教師たちはいわゆる多忙化政策のなかでゆとりを失い、教師としての自信も誇りも失わされるような状況のなかで悩み抜き、ノイローゼの教師も多くなってきた。ベテラン教師たちが自信を失っている。

ある教師は言う――「僕らは、例えば、出世しようとか、いい給料をもらおうとかは捨てているわけです、はっきり言えば。僕ら自身は、教育という仕事に手応えを得たいし、充実感を持ちたいし、生きがいを持ちたいわけですよ」。現実には、教師は批判の矢面に立たされている。――「だから、僕らもつらいんですよ。期待されていないんだから。僕らは、本当に期待を寄せてほしいですよ。よい条件を与えてほしい。そうならない限り変わらないと思います(6)」。この率直な声に耳を傾けたい。

このように子どもや青年も、そして親たちも教師たちも、現在の日本の学校と教育の状況に多くの疑問を持ち、苦悩のなかにおかれている。

学校の変貌――管理・秩序・序列

この間の学校の変貌をより具体的に描いておこう。

戦後の学校と学校づくりのイメージは、壺井栄の『二十四の瞳』(一九五二年)や無着成恭《むちゃくせいきょう》の『山びこ学校』(一九五一年)に象徴されるような、地域と教師、そして校長をも含んでの、村人たちの参加による学校づくりであった。茨城県のある寒村の「青龍権現老樹の碑」(7)に示されているように村人たちが社の神木を切ってそれを資金に、新制中学をつくりあげてもいた。一人ひとりの教師はまた『村を育てる学力』(東井義雄、一九五七年)の形成にはげみ、あるいはクラスの人間関係をかえる『学級革命』(小西健二郎、一九五五年)の見守り手であった。

当時は、戦後日本の社会と教育の改革による旧いとらわれからの解放感があり、なお農村中心の日本社会の人びとの連帯感が新しいものをつくりだす方向で作用していた時代であった。上記の実践記録は、学校を民主主義のとりでとして考えることが可能性と現実性を持っていた時代での、代表的な学校づくりの記であったと言っていい。

しかし、一九六〇年代に始まる能力主義と競争の原理による社会と学校の再編と「学校の正常化」政策のもとで、日本社会は農村社会から工業社会へと転成し、農村と都市も大きく変貌し、子育て・教育の条件と課題が見直されることになる。そして七〇年代、とくに低成長下に入るや、六〇年代のつけとともに、社会的緊張の度が増大し、成長神話のかげりとともに、生

き残りをかけての競争の時代へと入っていく。(8)

競争主義は管理主義と堅く結び付いている。

戦後民主主義の〝行き過ぎ〟是正の方策は、五五年体制が固まるなかで、具体的に進行するのだが、そのなかでいわゆる「教育の正常化」政策が強行される。それは「学校の秩序化」の徹底として現れた。秩序化は教職員の校務分掌《ぶんしょう》の合理化と序列化であり、批判的組合活動の抑圧であり、生徒にとっては成績評価の序列化と自治的活動の制約を通して行なわれる。

その「正常化」「秩序化」「序列化」の圧力のもとで、教師の「教育の自由」は制約され、子どもたちの自由な活動が抑圧されてきたのは当然の帰結だと言えよう。

このような傾向が加速されてくる七〇年代半ばに、共同通信の斎藤茂男、横川和夫、池田信夫のグループは、教育現場を取材して「教育ってなんだ」と題する九八回分の新聞連載で、教育の闇を明るみに出そうとした。全国約三〇紙が掲載したこの記事は大きな反響をよび、単行本『教育ってなんだ』(太郎次郎社、一九七六年、岩波書店、一九九三―四年)としていまも広く読まれている。学校の雰囲気はどうだろう。愛媛県で、教育関係者が〝正常化教育の代表的選手〟と推薦するA校長の学校を訪ねた斎藤らは「小さなくつがまるで定規を当てがって並べたように、一足の乱れもなく納まっている」玄関の靴箱の見事なながめに、「正常化」のもつ異常さを感じたのだった。「列車ダイヤなみの学校経営」「一糸乱れぬ足並みが自慢」と見出しが付いているこの項には、次のような校長の言葉が記録されている。

「号令なしに、すべて無言のうちに約束どおり集団が動く。遅れたり、あわないのは自分がボケている証拠で、恥だ、と生徒は思っているんですよ。このように朝会がピシャッと儀式化していることは、誇るべきことだと思っております。無言のうちに心が一つにピシッとあう……。はじめて御覧になったかたは、みなさんかならず感激なさいます」(9)。

しかし、秩序ある学校は学校の外見でしかない。押え込まれたエネルギーは出口を求めて暴発もする。

荒れる学校

一九七〇年代末から八〇年代初めにかけての中学生の校内暴力と器物破壊は激しさを増し、警官に守られての荒れる中学校の卒業式が各地に現出した。学校は管理強化と体罰でそれを押え込み、抑圧の中での生徒の暴力性は、陰湿ないじめにそのはけ口を見いだすことになった。

急増するいじめや登校拒否は、八〇年代における新たな教育問題として、誰もが注目するところとなった。この現象の広がりそれ自体が管理と競争の場でしかない学校のあり方への問いをつきつけている。とりわけ登校拒否は、その広がりとともに、かつて「病気」としてとらえられ本人の気の弱さを克服することがもとめられたのとはちがって、学校には行くべきものとする「義務」観から、あんな学校なら行かないほうがいい、あるいは行かなくてもよいとする意識も広がってきた。

このような学校への意識の変化のなかで、発達・学習権の思想も、登校拒否の権利を含むことが原理的に説かれていた段階から、現実的に登校を拒否する権利を行使する事例も見られるようになってきた。もとより、拒否ではなく学校に参加し改善することの方が望ましいのだが、緊急避難的に登校拒否権を行使する場合も十分にありうることが、現実ともなっている。

学校病根のひろがり

教育科学研究会の〝「学校再生」グループ〟は、そのシリーズ『学校の再生』第一巻の序で、八〇年代の問題状況を次のようにとらえている。

「学校が病んでいることが指摘されて久しい。その病状は、一過性のものではなく、ますます重くなっている。……自分の仕事にゆきづまり、「教師をやめたい」というつらい心をかかえて学校にきている教師が増えている。父母のなかには、学校がこのままであれば、少々お金がかかってもよりましな教育が得られるのであれば小学校からでも学校を移りたいという潜在的要求が広がっている」

この文章が書かれたのが一九八四年一月、臨教審発足の直前でもある。その後一〇年、この状況は、そのまま今日にも当てはまっている。このグループはさらに、学校再生の困難さを次のようにのべている。

「学校の再生はいかにして可能であるのか。この問いかけにこめられた国民的期待の熱さとはうらはらに、その回答への道のりは遠くて重い。とりわけその重さは、今日の学校の病いが外からの能力主義・管理主義の攻撃といった点にとどまらないで、その問題性が、学校の担い手たるべき子ども・父母・教師の内面にまで浸透している点にある。学校を担うべき主体の意識と行動それ自体が、問題を解決する力量へと結び合わされずに、かえって問題状況を深め、悪循環する方向にすすんでいる。学校再生への力量と見通しを、その担い手自身が自分たちのなかに見いだすことが困難になっていることこそ、病いの重さを示している(10)」

学校の病いの原因は、外に見える政策の帰結としていまある姿になっただけではない。それは父母・教師の意識に深く浸透し、子どもたちもテストの点数・序列競争をゲームのように受け入れ、指示待ち姿勢を強める中で、管理がなければ不安になるといった精神状態が広がっている。学校は、その関係者のこのような意識をも再生産するシステムとして自己運動を強めているように見える。

二　いつからこうなったのか

写真は語る

いつから学校は現在のような抑圧的な社会に変わったのだろうか。

「あの頃は、学校に生徒を合わせるのではなく、学校が生徒に合わせてくれた。この五〇年間のどこかでそれが逆転しましたね」[11]——井上ひさしは、ある座談会で、自分の戦後学校体験をふりかえりながらこう述べている。[11]戦後の学校については、私も同様な体験を持つ。学校だけでなく、日本社会に軍国主義と国家主義からの解放感があり、活気に充ちた時代があった。「子どもは時代の予兆である。子どもの顔にはその時代が刻印されている」——この想いで編んだ、戦後五〇年の子どもの写真集『子ども　やがて悲しき五〇年』(編集委員会・村上義雄編者代表)は、その解説で、戦後史の時代区分をつぎのように記している。「日本の子どもたちは「疾走する一〇年」(六〇年代後半から七〇年代前半)を境として、それ以前とそれ以後では画然として変貌をとげたように思われる[12]」。

そしてこの写真集は、その変化を見事に写しだしてくれている。一九七三年暮のオイルショック以後、低成長に転じた日本経済は、それぞれの企業のサバイバルをかけての競争時代へと入っていく。企業内では企業戦士をつくる養成所での教育が熱を帯び、学校では管理教育が広がっていく。写真集には、一斉行動と敬礼、便所掃除の情景が写されている。これらに象徴されるものは、軍隊教育の復活を想わせて不気味でもある。六〇年代から七〇年代の初め、創造的教育実践を軸とする学校づくりで知られ、全国的にも注目され一二年続いていた山梨県巨摩《こま》中学校の公開研究会が写真集に収められているが、七四年五月の町長選挙後、校長の提案で突然中止され、その後の教員異動と校舎の改築によって巨摩中学校は消えていく。これは一中学の創造的実践が消えたというに留まらず、受験・競争体制に巻き込まれていくなかで、公立中学校での自由な実践がいかに困難になっていくかを象徴的に示してもいた。

その後の学校教育は管理・しつけを引き受け、秩序と序列を受け入れる管理主義的な生徒の指導が強化され、他方で、受験のための塾・予備校が増え、ダブルスクール現象が顕著になっていく。この写真集は、〝受験は戦争だ〟と題して進学塾の元旦特訓を激写している。深夜、塾帰りの子どもの、小田急線のなかでの猛ベンぶりの一枚はあわれでもある。子どもたちの遊びも変わっていく。町の子とても、空き地の土管や廃材のなかでの「踊る！遊びの天才たち」はその遊び場を失い、代わってピカピカ光るファミコンの前に、コンピュータ時代に適合的な、しかし、体を動かす喜びを知らない若者に育っていく。

このような社会・学校・子どもの変化に親たちも冷静ではいられなくなっていく。

経済審議会、中教審とつづく六〇年代の教育改革論は、「競争は人間の原理だ」として、社会と学校を能力主義、競争主義で再編しようとしたが、高度成長はなお人びとの気持ちにいくばくかの余裕を残していた。〃中教審、文部省笛吹けど踊らず〃と、その笛の音色に対する批判も強かった。(13)

しかし七〇年代半ば以後、低成長下での能力主義競争の強調には、親たちも浮き足立つ必然性があった。学校と子どもに、自由でゆったりとした学習活動を期待するよりも、受験競争での失敗は社会での失敗に通じているという強迫観念、〃学校の落ちこぼれは社会の落ちこぼれ〃という意識が次第に支配的になっていく。こうして親たちもまた能力主義イデオロギーにまきこまれ、それを下支えする構造ができあがっていく。

競争の変化

久冨善之も、戦後教育を「競争」とその質の変化に着目してその変化の時期を一九七五年においている。彼はまた戦後の競争のあり方を三つの時期に区分する。(14)

第一期　抑制された競争――戦後改革～一九五九年
第二期　開かれた競争――一九六〇年～七四年
第三期　閉じられた競争――一九七五年～

第一期から二期への変化は一九六〇年代に始まる経済の高度成長であり、それを機軸とする教育の再編期に当たり、第二期から三期への変化は高度成長が低成長に転換することにともなう雇用構造の変化、社会＝教育構造の変化と深くかかわっている。

戦後新学制のもとで、例えば高校は、総合高校と小学区と男女共学が理想とされたことが象徴するように、教育における平等理念のもとで、競争は抑制され、共同学習が推奨された時代があったが、一九六〇年代の高度成長は能力主義と競争の原理を軸として、教育制度の多様化が政策課題となっていく。

この時期、民衆の進学要求も拡大するが(高校への希望者全入運動)、産業界もまた学歴の高度化を必要とし、高校・大学(主として理科系)の間口を拡大し、進学率も上昇の一途をたどったのである。競争はその裾野を広げ、激化していくが、しかし、受け入れ口も拡大しているのだから、全体的にはそれは「開かれた競争」と言ってよいであろう。

しかし、オイルショックを期として、さらにベトナム戦争の終結(一九七五年)による国際経済の変化の中で、わが国の経済も高度成長から低成長に転ずるや、社会全体がいわば緊縮を求められ、慢性的就職難の傾向が続く。それは文教政策における慢性的進学抑制につながり、進学率の変化のカーブを見れば明らかなように、一九七五年を画期として、高校と大学の進学率は、前者が九四パーセント、後者が三五パーセント前後の線で約二〇年間は頭打ちの状態となっていく。多様化政策の一環として設置された専修学校や高等専門学校は、青年の進学要求の吸収策でもあった。

不況になれば就職状況は厳しく、企業の指定校制にみられる学校歴偏重が顕在化し、それだけ、高学歴＝高学校歴へ向けての受験競争が「閉ざされた競争」として激化することも必然的であった。

この間、受験産業は急成長し、偏差値による高校・大学でのランクづけ(序列化)がすすみ、一九七九年に大学入試に導入された共通一次試験は、大学の偏差値序列を顕在化させ、進路選択の規準として利用されることによって、序列そのものを固定化させる機能を果たした。大手進学塾、予備校の大型コンピュータ導入によるそのシェアーの拡大と全国ネットワーク化は、大学序列化をリードするものであった。

この間、父母・国民の進学要求にも微妙な変化が現れ、一方で将来が開かれていると見える有名企業、有名大学、有名高校をめざす競争が激化するとともに、他方で、競争体制からはみ出すことは、社会での脱落者への道に通ずるという危惧が高まっていく。その中で、受験体制への批判意識をもちつつも、現実の対応としては、その受験競争にわが子をのせなければ将来はないと想う親心が競争体制を民衆レベルで底辺から下支えすることになっていく。

第一章でものべたように学校と家族の関係は家族を変え、それが学校とは違う人間人格の形成の場として機能するよりも、学校を補完し支える「教育家族」となり、そのことがまた、親は自分では気づかず、子どもたちの目には見えない内面的な抑圧性の高い家族(抑圧家族)をつくり出していくことになる。

外に排他的競争、内に同調的競争を求める「企業社会」は、人材の選別機構としての学校と、それを支える「教育家族」によって、「企業社会」自体を再生産しているのだといえよう。

三　臨教審と教育改革

戦後教育の総決算とその方向

前節でみた、問題を持った子どもや教育の状況を前提にし、それをテコにしつつ一九八四年九月、臨時教育審議会(15)が発足し、教育改革のひとつの大きな方向が出された。それだけに、父母の多くはその発足の当初は、これでなんとか改革の道筋が開かれるのではないかと歓迎した。新聞もそうした論調で臨教審に期待を表明していた(16)。

臨教審は八五年に第一次答申を出し、八七年には第四次(最終答申)をまとめたが、その改革構想は、父母や教師のねがい、とりわけ子どもたちのねがいに沿うような方向で教育改革の道筋をつけてくれたのだろうか。あるいは、「父母のねがいがとどく学校、子どもたちの可能性が開かれる学校」になっていくような改革の道筋がつけられたのだろうか。

そのためにもう一つの背景をみておく必要がある。臨教審は行財政改革の一環としてすすめられた。オイルショック以降、七〇年代半ばから経済は低成長時代に入り、八〇年代はその年に設置された臨時行政改革審議会の方針にそって財政改革・行政改革がすすめられていく。このような動きのなかで中曽根内閣は行財政改革をすすめるとともに、教育改革への強いとりくみの姿勢を示し、八三年には、井深大《いぶかまさる》を座長とする私的諮問機関「文化と教育に関する懇談会」を発足させ、翌年には松下幸之助を中心とする京都座会が臨教審の論議に先行しそれをリードするかのごとく、教育改革の七つの提言を発表。(17)時を同じくして中曽根内閣はさらに内閣直属の臨時教育審議会を発足させて教育改革を強力にすすめようとしたのであった。八〇年代後半から九〇年代にかけての高等教育改革を含む改変動向は、その基調は臨教審答申にあるとみてよい。

それでは、そもそも臨教審とは何だったのか。

戦後総決算の歴史意識

この臨教審が発足したとき、中曽根首相は、「戦後政治の総決算、その一環としての戦後教育の総決算」という課題を掲げていた。それは具体的には、戦後日本の国家と社会のあり方の方向を示していた憲法・教育基本法をどうするのかという問題に焦点づけられる問題でもある。

ところで、自由民主党は改憲を党是としているが、八〇年代にはそれを政策課題として正面に出すのを控えた。そうしておそらく、まず教育に手をつけてそれから改憲を、という見取図とともに、当時の状況のなかでは憲法に関しても、教育基本法に関しても、その解釈を変えることでなんとかやっていけるという判断を持っていた。たとえば、憲法に関して、自主憲法論者の中曽根首相が、それも九条に関して、内閣の発足直後、国会での社会党・石橋委員長との防衛論争で、「この九条を前面に立てて非武装中立を言うことは憲法を守ることにはならない。それは棄憲、憲法を捨てる事だ」と言い、自分たちこそ憲法を守るのだと主張した。教育基本法に関しても、「いま教育基本法を変える意思はない、しかしその解釈は、われわれの内閣そして私がやるのだ」と発言した。

こうして、条文に即して合理的に考えるのではなく権力を持ったものが中身の解釈を勝手につくることが、臨教審がらみの「教育基本法」問題の焦点となった。とくに第一部会の天谷《あまや》直弘部会長や香山健一副会長等々の発言はまさしく中曽根首相の発言に呼応しての新しい解釈を示そうとするものであった(18)。このような戦後教育の総決算論の基本方向は、九三年の政変以後も続いていく。

それでは、戦後総決算論を口にした政治家たちは、その時戦後四〇年になった歴史をどのよにとらえていたか。その歴史観は、アジア・太平洋戦争に対する反省と平和のねがいを軸に人間の尊重を中心の理念に据えた国をつくるというのではなく、あの戦争に対しては反省どころか早く忘れ去ってしまいたいという思いが強いことも、五五年体制を支えてきた政治家に共通していた。

他方、同じ頃西ドイツではヴァイツゼッカー大統領がドイツ解放四〇年記念日(一九八五年五月八日)の演説において、私たちはナチズムの台頭を許したその過去を忘れてはならない、そのことを心に刻むことを通してしかわれわれの未来はない、と強調し、「過去を忘れるものは現在に盲目になる」という有名な言葉を残した。(19)

その姿勢とはまったく逆に、苦く悲しい過去を心に刻むのではなくむしろ忘れ去るというのが、戦後自民党の姿勢であり中曽根内閣の姿勢であった。そしてそれがまた臨教審の歴史観でもあった。

同時に、そのような仕方で過去を忘れての、「二一世紀に向けての改革」は、情報化、国際化、自由化を軸に世界の中の日本経済の地位をどう確保していくのか、それが経済界筋の戦略的発想にもとづく教育改革のもうひとつのポイントであった。

この二一世紀に向けて日本のアドバンテージをどう確保するかという課題と結びついて、これまでの追いつき・追い越せ型の指導者ではなく、先頭を行く創造的な精神を持ったエリートが必要なのだということが改革のひとつの大きな眼目であった。

統制された教育からはそのような創造的な精神の持ち主は生まれない、これもまことに明らかなことだが、そのためには、たとえば、エリート校を軸に中等教育を六年制の一貫教育とし、高等教育においても評価制度を導入して競争をあおり、大学院重点大学化をすすめる。学術研究体制もセンターオブエクセレンス(COE)を軸に大きく変わらなければならないという改革のポイントが出てくる。

しかし、それはすべての国民に適用されるべくもないものであり、むしろ一般民衆の教育としては、国民的なまとまりをどのようにつけるのか、競争主義だけが強調された場合に国民はバラバラになる危険性があるのだから、一般民衆に「日本国民としての運命共同体意識」をどう育てるのかがもう一つの課題となる。

ここから、その教育改革には二つの筋道が見えてくる。一つは、少数の創造的なエリートを確保する、そのために、底辺までの、そして底辺からの競争主義、能力主義を徹底するという改革のポイントである。そして、もう一つは一般民衆の「国民的まとまり」をどのようにつけるのかという課題と結びついて、「日の丸、君が代」に象徴されるような伝統的なナショナリズム、道徳教育が強調されるのである。

実際、一次から四次の答申を通しての改革論議の中では、とくに改革原則を論じた第一部会では「自由化論的」な発想で、旧来の文部省の細かな統制に対しては批判が出されたが、しかし、初等・中等教育問題を論議した第三部会では初任者研修、教科書検定や教育課程における国旗・国歌の押し付けに示されているように、依然として強い統制主義的な発想は続いていた。自由化論と統制論、あるいは能力主義的競争主義と管理主義的統制主義という一見矛盾に見えるこの構想は、教育階梯の区分のなかで、さらに学校種別化の中で、なんとか折り合いをつけて任務分担しながら、その二本柱でその後の改革は動いていく。

臨教審の教育認識

臨教審のもっていたもう一つの問題は、現状の競争主義・テスト主義的な教育、偏差値輪切り的な教育を変えてほしいという父母や子どもたちのねがい、あるいはいじめや登校拒否問題を解決してほしいというねがいと正面から向き合い、それに応えようとしなかった点であろう。むしろ臨教審の委員たちは、そのホンネでは日本の教育は少なくとも欧米諸国と比べればうまくいっている、教育機会の普及という点からも、また、理数科の国際的コンテストの成績をみてもそうだ、だから現在、アメリカでもイギリスでもフランスでも、日本の教育に着目しそれに学べと言っているではないか、と思っていた。したがってまた、当然、臨教審の課題は、あれこれの病理現象への対応ではなく、われわれが取り組むのは二一世紀へ向けての教育改革という大きな構想であって、いじめや非行などという瑣末な問題をやったのではないというのがホンネだったといってよい。

事実、第一次答申の前に、そのような現実の問題が論議されていなかったことが批判を浴びて、いじめ問題を集中的に審議をした経緯はあるが、報告全体には、現実に教育が抱えている問題、父母が心を痛めている問題に解決を示すという取り組みになっていなかった。

それどころかこの改革構想が進めば、ますます能力主義的な教育の再編が進み、競争主義がいままでよりもいっそう強化されることも目に見えていた。臨教審は事態を解決するどころか、事態はますます悪くなる方向での改革路線ではないかと批判されたのである。[20]

能力主義と競争の原理

このことは教育基本法第三条の解釈の問題とも深く関係している。「すべて国民は、ひとしく、その能力に応ずる教育を受ける機会を与えられなければならない……」とある、この「能力に応ずる」という文言をどう読むかが争点となる。

臨教審及びその周辺、財界と政府筋の教育基本法に対する戦略が教育基本法の中身を読み替えていくことにあると先述したが、その見直し論のポイントにこの三条問題があった。

〝教育基本法はだめだと言ってきたがよく読んでみるとなかなかいいことも言っている、これはちょうど親父を見直すようなものだ〟（香山健一）と言った見直し論が出されたが、基本法を変えろと一九六〇〜七〇年代に言ってきた人たちも、〝この「能力に応じて」だけは大事な原理なのだ、しかし、この原理を守っていないのが日教組である、戦後、教育は「能力に応じて」という原理を持ちながら、画一的な平等主義を主張してきた、だから教育がダメになったのだ〟と述べて、この「能力に応じて」の教育による多様化こそが重要なのだと強調もした。

ところで、教育における能力主義とは何なのか。すでに第二章で詳説したが、ここでも必要な限りくり返しておこう。一九六〇年代に入って高度成長政策と結び付きながら日本の教育を再編成する動きが強まるが、その再編過程で、「これからの日本は社会においても教育においても、能力主義の原理で再編成しなければならない」という主張が、経済界を中心に強く主張され（経済審議会人的能力開発部会報告書、一九六三年）、それを受けて中央教育審議会が改革構想にとりくむという経緯がある。

この六〇年代初めに能力主義が「社会においても学校においても」実現さるべき原理として打ち出されたときに、その対立する原理は年功序列主義であり学歴主義であった。

また学校教育においても、戦後教育はエリート教育を軽視した、能力の高い者には十分教育を保障し先に進ませればいい、そうでない者は適当に切り捨てていいではないか、彼らはできる子の邪魔をするだけだ、と考えるのもその筋からすれば当然なことに見えてくる。

しかも、この能力主義は、日本の一九六〇年代、高度成長と結び付いて提起された原理というようなものではなく、たとえばヨーロッパ社会においても、その原理が、ある歴史的な時点(一九世紀末)を境にいわば社会の中心的な構成原理の一つになってくるという問題もある。

そもそも能力の原理が歴史的に登場してくるのは、たとえば、フランス革命期、革命憲法の中にみられる。それは、アンシアンレジームの差別的な身分制から人間の平等へ向けての動きの中で、能力以外のいっさいの差別をなくすという原理としてまず提起されてくるのである。ところが、現実の近代社会は資本主義社会であり、お金がものをいう社会であった。身分から財産へと社会の支配原理が変わっていく。そしてさらに、一九世紀末以降、財産から能力・業績の原理、実力競争の原理が主張されてくる。二〇世紀は、この能力の原理が支配的になってくる社会である。そして、その「能力」と「競争」が支配的秩序原理になったときに、実は「能力」が新しい差別の原理に転化する、それが現代の問題だと言ってよい。[21]

日本においても戦前すでに「同調的競争」の原理が支配するなかで、受験競争と序列の文化は学校文化を規定していた。憲法・教育基本法の「能力に応じて」の原理は、戦前の画一主義的でしかも競争的な教育を批判する個性化の原理として理解され、競争は抑制され、教師のまなざしも一人ひとりの子どもに向けられることが求められた。しかし、六〇年代以降、日本でも能力主義と競争原理が強く打ち出され、とりわけ一九七〇年代半ば以降、競争が閉じた競争に転じてからは、「能力」はいわば差別の原理としての機能を強めてくるのであり、そのことをどう考えるかがこんにち問われているのである。

「能力に応じて」という文言に対しても、ともすると、私たち自身、できる子には豊かな教育を保障する、できない子は適当に切り捨てたらいいのではないかと思いがちである。たとえば会社の人事担当重役的な目で若者たちを見ている場合に、能力主義をごく自然のことと感じるようになるだろう。しかし、立場を変えて、その会社の重役も一人の子どもの親として、その子どもがかけがえのない人格の主体であり、そしてその子どもが人間的に成長発達するということはその子の権利なのだ、親としてその権利を保障する責任があるのだという地平に身を置いたとき、「能力に応じて」という言葉の意味も別の意味を持って捉え直されるのではないか。その子が障害を負った子の場合、いっそうこのことを強く感じるであろう。

教育は一人ひとりの人権である。同時に人間はさまざまな個性を持ち、違いを持っているなかで、ハンディキャップを負った子どもには一層ていねいな教育、能力の発現の遅い子には一層いきとどいた教育を保障することが、「その能力に応じて、ひとしく」ではないのか。こう読むことが人権論的な立場に立てばむしろ自然なことだと言えよう。

「能力に応ずる」という文言は、たしかに読み方として多義的であり、もし可能ならば、「発達の必要に応ずる」という表現にその文言そのものも書き直す努力も必要だろう。繰り返し言えば、憲法や教育基本法にある「能力に応ずる」という文言は、教育を人権と捉え、すべての子どもの発達に必要な教育を保障する原理を示すものと言ってよい。これを私は「教育における正義の原則」と呼んできた。(22)

私たちが、いまこの教育基本法をどう読むか、その精神をどう理解するかということは、私たちの人間についての理解、私たちの人間観そのものを問い直すことに通じているのである。

自由化論

臨教審の発足の当初から改革理念を検討した第一部会の論客たちを中心に新保守主義による改革論が言われ、新自由主義による自由化論が提示された。それはこれまでの文部省の細かな統制を緩和し民営化をすすめるという主張であった。それは具体的には、たとえば学校選択の自由を認めるべきだといった主張を含んでいた。

それは校内暴力に悩む父母にとっては福音にも聞こえてくる。たとえば、自分の子どもが行くべき学区の中学が校内暴力で荒れている。ほんとうに自分の子どもをどの学校に上げていいのか、学区制に縛られた従来の行政のあり方からすれば、その暴力で荒れる学校にいかざるをえない、私学に入れるお金もない。思い迷っている父母と子どもからみれば、学校選択の自由があると言われると、これはたいへんありがたいことだと思えてくる。自由化論と結び付いてクーポン制も論議された。教育クーポンを発行して、公立・私立のどちらにでも行けるようにしたらどうだという議論なども、この自由化論の一つの主張であった。

そのような議論は親からも子どもからも、魅力的で飛びつきたくもなる考え方だが、しかしその自由化論を全体のコンテキスト、考え方の枠組みのなかで位置づけていく必要がある。

自由化論とはそもそもなんであったのか。

日本社会は一九六〇年代の高度成長政策のもとで大きく変化し大企業が国家・社会を主導する力をつけてきたが、低成長期に入って国家財政の縮小と民営化がすすめられるなかで企業社会的状況の進展に拍車がかけられた。この流れの中で、第二次臨調の民営化構想(一九八二年)にそって、電電公社、そして国鉄が民営化された後、中曽根首相は「この次は教育臨調だ」と言ったのだが、臨教審とはまさに教育臨調路線に他ならない。臨教審を受けての中教審(第一五、第一六期)の改革もまた、財政構造改革構想とワンセットであることも明らかだ。

つまりは、国の行財政改革の一環として公教育を改革するという筋道である。ということは、国や地方自治体の、教育や福祉に関連する公費を削減し、その分民間の活力に委ねるという構想であった。つまり狭義の公教育(公費教育)を縮小して私学化をすすめるということであった。

実際、「教育の自由化イコール私学化」ということばも、経済界の人たちの文献の中ではすでに七〇年代の末から主張されていた。(23)

その私学化された部分に対しては、民間の企業が教育産業として、格好の活動の場にするということになる。進学塾も、もはや日陰者的な扱いではなく、これは公立学校と競争し、公立学校に活を入れている大事な存在なのだとして積極的な意味が与えられるようになっていく。学習塾大いに結構、授業の個別化、コンピュータ化も必要だとして、さまざまなかたちで教育産業が公立学校の中にあるいはその周辺に入り込んでいく。それはつまり低成長下の経済界にとってはひとつのいい起業刺激剤であり、教育界に参入できることで、それが有望な市場となってきたのである。

こうして教育の自由化・民営化がすすめば、国は教育にお金をかけない、そして経済界からすれば、教育はお金がもうかる対象になる。国民の側、親の側からみると、教育はたいへんお金がかかることになっていく。

この臨教審答申をきっかけに、いわゆる教育における民活論の名のもとで教育なるものが商品として扱われる気風が進んだ。自由化論が進める教育改革はまさに「教育の商品化」のすすめである。商品には質のいい商品もあるが、そのかわり高価である。お金のない人は公立学校に行きなさい、こういう関係の中で教育は動いていく。そして親は教育を選ぶ自由がありますよといわれる。しかしそれはフトコロ次第だということでもある。

商品化は必然的に競争の激化をともなう。こうして「学校選択の自由」は、父母にとってはまことにありがたい考え方のように見えるが、じつは教育というものが、商品として売り買いと宣伝合戦の対象となり、ますますお金がかかることがらになっていく。このような筋で見てくれば、教育の自由化＝民営化＝商品化は、公教育の解体に通じているのである。[24]

こうして縮小された公費教育の部門で公立の中高一貫制度の選択的導入は、公教育の中にエリート学校をつくることによって競争と選別を激化させることも目に見えている。

臨教審から中教審へ

一九八〇年代の中頃、経済界からの強い要請を背景に、臨教審から中教審へ、そして教育課程審議会(一九八五年)の審議を通して、旧来の文部省の過度の中央統制的行政のあり方が批判され、「教育の自由化」「規制緩和」がすすめられ、新しい学習指導要領(一九八九年)にもとづく「新学力観」は押し付けを排除し、子どもの意欲・関心を重視する学習観への転換の必要を強調している。

しかし、「新学力観」が、その意欲・関心・態度の評定を含めて、現場に「押し付け」られるとき、その評定もまた、競争と選別の論理に従属するものとなり、新しい学力観は容易に個性重視の教育の反対物に転化するのが現実である。

近年の教育政策の動向をめぐる座談会での、現場教師(中学校)の発言を紹介しておこう。

「僕らが、現場の教師としてほしいのは、自由と、よい条件で仕事ができるということです。僕らを苦しめているのは制度・政策よりも、劣悪な教育条件なんです。持ち時間が本当に多くて、教材研究をするゆとりもないくらいの劣悪な教育条件です」。

自由のない学校では、教師も校長への忠誠という名の指示待ちの姿勢を強めていく。それは子どもたちの評価の姿勢にも現れ、「お利口さんで、学校に反抗しない子ども」が評価され、それが高校入試の内申評価として大きな比重を占めていく。「このような忠誠度を高める路線が、教師にも子どもたちにも非常に強く働きはじめたということを感じます」。

彼はまた、「僕は七三年から中学の教師をしていますが、政策はいくつか変わりましたけど、それが現場ですごい変化を呼び起こしたという意識があまりないのです。上が何と言おうと一向に変化がないというほうが実感なんですよね」とめまぐるしい政策動向をクールに見限っている。[25]

しかし、もしかすると政策の一つの帰結がこのような現場の「空気」の変化をもたらす一つの要因となっているのではないか。「ゆとり」だ、新学力観だ、意欲・関心だ、個性化だというかけ声とはうら腹に、「自由な空気」が奪われ、確実に窒息状況が深まっているとしたら、その真の原因はどこにあるのか、政策はそのような事態とどういう関係にあるのかが問われるべきであろう。

政策は出されたら意味があるのではなく、行政ルートを通して、地域・学校に、浸透、実現してはじめて意味がある。それだけに、この行政浸透の過程でその意図がゆがめられ、無力化され、あるいは逆に強められて現場に影響を与えることもある。その浸透過程は合理的に立案され、明示的なプロセスの中で、正当な手続き(デュ・プロセス)によって行なわれるばかりではない。時に手続きは省かれ、時に、ひそかに、その浸透がはかられる場合も多い。とくに今日では、その意図を気づかせないソフトな方法による操作(マニピュレーション)もまた、重要な行政手腕に属することだ。

それだけに、現場には、それと感じずに、教育政策とは無関係に、慣行(ハビトゥス)に従っているように見え、しかし次第に自由を失い、そのことのなかで、次第に教師の無責任体制が浸透定着しているのではないか。この期に及んで、文部省もようやく惰性を破ろうと旗ふれども、現場動かずという状況になっている。文部省の教員統制政策はそこまで徹底してしまったのだ、ととらえた方が正確ではなかろうか。

新学習指導要領にもとづく新学力観の押しつけは、子どもの自主的な活動を励ますかに見えて、少なくとも現実の学校のなかではそれは、一方で基礎・基本の学習の軽視の傾向を助長するとともに、その観点別評価という評価規準が、ボランティア活動も含む子どもの活動全体を評価の「まなざし」の中に囲い込む結果となっている。

この間実験的に行われた学校五日制も、月一回から二回へと増え、そのことがかえってカリキュラムを過密化させており、そのこと自体、新学力観ともなじまない。この一点からも、学習指導要領の改訂は必至であろう。

学校から〈合校〉へ

中教審の発足より一足早く、経済同友会は学校改革の提言「学校から〈合校《がっこう》〉へ」(一九九五年四月一九日)を発表した。この学校スリム化構想は九年間の義務教育を担う公立学校を「基礎・基本」の教育に限定し、その他の活動は、学校の周辺に配置された体験教室や自由教室(これを合校と呼ぶ)を子どもの興味関心と家庭の経済力に応じて利用し、全体として教育の自由化と多様化をはかろうとするものである。

合校構想を貫く考え方は、競争と選択の自由を強調する「教育の民営化・商品化」のすすめだといってよい。これは、質のよい商品の購買力をもつ家族、いわゆる新中産階級以上の恵まれた階層にとっては魅力的構想に映ろう。〈合校〉は商品化の論理とともに一定の活況を呈するであろうことも予見できよう。

他方でそれらの自由な空間からは無縁な子どもたちにとっての「学校」は、基礎・基本の教育の名のもとに、統制的画一主義が支配的となり、教師はそのための道具的役割を果たすことが期待され、その限りにおいて、研究・教育の自由も制約され、教職は、ダルな惰性的な仕事となり、それを担う教師への社会的威信が低下することも目に見えていよう。

学校を「学校」と「合校」に二分し、「学校をスリム化する」という表現は、確かに魅力的に響く。とりわけ、本来家庭が、そして社会が引き受けるべき「しつけ」や「道徳教育」を学校だけに押し付け、非行やいじめの取締り的対策を余儀なくされ、授業計画の日案・週案づくりや行政研修あるいは研究協力指定校という名の多忙化にあえいでいる教師にとっても、それは福音と響こう。

それだけに、学校のスリム化を言う前に、一人ひとりの教師の仕事のスリム化が必要なのであり、教師の人員を増やし、三〇人さらには二五人学級をめざして学級定員を減らし、学習環境にふさわしいゆとりある時間と空間をつくることが必要なのである。会議を増やし仕事を増やして管理を強化するのではなく、仕事を減らして教材研究や子どもたちとのゆとりをもったふれあいの時を増やし、あるいは、地域での、市民としての自由な活動に加わるなどすればよい。ところが、現実は逆で、行政の効率化のためとしてすすめられている定員削減と短期間の人事異動は、新しい職場・地域への適応のための緊張を強い、地域に根ざす教育実践の意欲をそぐことに通じている。

教師の仕事のスリム化は、当然、学校のスリム化につながるものだが、それは決して「合校化」によって果たされるものではあるまい。

この改革構想は、七五年以降の「教育の自由化」「規制緩和」そして「教育の商品化」の線上にあり、その「自由化」は、消費者としての商品選択の自由ではあっても、主体者としての子どもの自由な精神の発達を中軸としての「教育の自由」の原理からは遠く、似て非なるものといわねばならない。

さらに、その自由化は、国家に統制された「公教育」に対しては批判的であっても、そのすすめる民営化(privatization)の発想は、人権思想を軸に、共同の関心に支えられて、各自の参加によってつくり出される公共性(パブリック)、一人ひとりの人権に根ざし、関心を共同化してつくられる公共性の発想とも鋭く対立するものなのである。

私たちがめざす学校の再生は、このような公共性の原理に立つ公教育の創造の課題と重なっている。そこでの学校は、すべての子どもたちに人権としての教育を保障する、主体的な学習の場としての学校、父母と子どもが参加してつくる学校、教師の専門性が十分に生かされる学校、父母・住民の共同の関心のもとで支えられている学校である。

自由化論の政治経済的根拠

教育の自由化論には経済理論的な背景がある。それは「公共経済学」、かんたんに言えばケインズ経済学のように公共部門に投資をして経済活動を活発にするという福祉重視の考え方ではなくて、むしろ公費部門をできるだけ削っていくという主張である。その代表格的論客にM・フリードマン(26)がいる。彼はその『選択の自由』の中でアメリカの公教育の硬直化した現状を批判し、選択の自由がもっと増えなければならないと主張した。続刊の『奇跡の選択』は、小さな政府、安価な政府論で、公費部門を減らし、福祉や教育の予算を削減するレーガン政権の政策に経済学的な論拠を提示するものであったが、同時にそれは、「強いアメリカ」の主張とワンセットになっていた。「小さな政府の強いアメリカ」、この一見矛盾に見える論点をどのように一つの論理の中で構成するか。

フリードマンはその一章を「防衛費は高くない」という主張に当てている。そこでの論理をかんたんにまとめて言えば、われわれは自由社会を守らねばならない、政府が余計な口出しをせずに民間活動の自由を大いに推奨しなければならない。しかしその自由社会の存続の前提として、国家の安全が確保されなければ、自由社会と言ってもこれは無意味になる。現在自由社会が社会主義諸国の脅威にさらされている。その脅威に対抗して国家のセキュリティ、安全を確保するのが大前提なのだから、国防費は高くない、というものであった。

この主張はまさしく、中曽根政府の政策を説明する論理としても、都合のよい構造になっていた。ここに教育自由化論の政治経済的根拠があるのであり、その意味で自由化は決して「国家からの自由」ではなくて、企業ナショナリズムと国家のナショナリズムがまさに一体化してきている現段階の政治経済理論であった。それは新自由主義、あるいは新保守主義と言われ、八〇年代の先進諸国とりわけアメリカ(レーガン)、イギリス(サッチャー)、日本(中曽根)に共通するものであった。[27]

そうであればまた、激しく対立したかにみえる文部省的統制主義と臨教審自由化論は、「国家」(企業国家)を接点として妥協することも容易なのだ。しかし、力関係は明らかに後者に傾き、現在では官僚機構が中立性の仮面を投げ捨てて経済界の意思の執行機関、否、その侍女となっていく危険性をはらんでいる。こうして「教育の自由化」論は一見、国家を軽視しているように見えながら、全体としていわば国家への国民統合の道筋をつける理論とワンセットのものだと言える。一元的能力主義のもとでの競争の原理は、同時に序列化・秩序化の機能を内含し国民統合の機能とも親和的なのである。

四 学校再生への模索――いくつかの事例

この間、学校の再生をめざす動きも多様に展開されていた。教育制度検討委員会による第一次(梅根悟会長、一九七四年)、第二次(大田堯会長、一九八三年)の教育制度改革構想が提起され、教員の学習運動も盛んに行なわれた。また教育制度とともに学校と授業の改革はその焦点であった。「学校づくり」という表現も多用される時代であった。

文化のある学校

一九五〇年代から六〇年代にかけての、『学校づくりの記』と「島小」に象徴される学校づくりへのとりくみは、斎藤喜博が宮城教育大の専任教授として赴任(一九七四年八月)したあとは、林竹二学長の強力な支援もあって、宮城教育大附属小学校(校長・中森孜郎)を一つの拠点として展開され、その実践は『宮城教育大附属小学校の教育』(国土社、一九七七年)にまとめられている。また中森氏も参加して続けられた白川小学校の実践は安藤正一校長を中心に『白川小の教育実践――表現にいどむ子ら』(きた出版、一九八七年)に収められている。

授業と学校行事を軸とする〝学校づくり〟は県外にも影響を与えた。岩手県一関市の本寺小学校もその一つである。渡辺皓介というすぐれた校長を中軸として、教師たち、子どもたちの、そして父母に支えられての学校づくりに、協同者として深く立ち合った横須賀薫氏は、そのとりくみを『学校が甦えるとき』(一九八二年)にまとめている。

そのなかに、公開研究会の参加者の感想文がある。(28) ある参加者は子どもたちのしなやかで、生き生きとした身のこなしや表情への感動を綴り、「(ここの)子どもたちをみていると、自分の心や、体を次第に自由に駆使していくものの中にだけ見られるあのよろこびと自信を感じました」と子どもたちの姿を伝えている。

別の教師(校長)は、「この学校の教師であることのよろこびとほこりが、どの先生からも感じとれたこと(羨ましいです!)」。

なぜここでは学校づくりが成功したのだろうか。

横須賀は「〝学校づくり〟に参加して」というまとめの文章の中で書いている。「この本の内容はすぐれた教師たちが特別に行なった実践の記録なのではない。きわめて平凡な、どこにでもいる日本の小学校教師が、ある一つの機会に自分を花開かせた実践の記録なのである」。この学校で「その子どもたちの上にかけがえのないすぐれた教育を実現できた」のはなぜか。横須賀は「校長が文化的指導原理をもったリーダーだったからだ」という。

問題は、勤務評定制度の導入以後さらに主任制手当の導入と競争原理の導入によって教師間がぎすぎすしたものに変わっていき、識見のある校長も少なくなったところにある。

横須賀は日本の教育現場が「一種の行き詰まり状態」にあるその現状を次のように書いている。「今、学校は自らの進むべき道を見失い、自信喪失の状態になっている。……自分たち自身どうしてよいかわからない状態なのである」。さらにこう続けている。「教育行政当局のしめつけが厳しいからそういうことになってしまうのだという見方もある。私も、ながい歴史の傾向としてみればそのことは否定できないと思っている。しかし、現に学校現場をみていると、それほどことは単純ではない。進むべき道が見えず、自信を失ってしまっているから、結果として統制されてしまう、統制のなかにいて安心しているというのが本当のところだと思うのである」。

横須賀はさらに、現代では「学校文化そのものが変わらなければいけない時代に来ている」と言い、「今の日本の学校教育の不幸は、文化的指導原理を持った校長があまりに少ないこと、あるいはそういう力を持った人が校長になり難いというところにあると思っている」と書いている(29)。

そのような現状のなかで、ごく普通の教師たちによって構成されている本寺小には、しかし、「文化的指導原理を持ったリーダー」たる渡辺校長(彼は詩人でもあり小説も書く)をえて、そのもとで、〝学校づくり〟にとりくめたことが、この実践を生み出した大きな力であったことは間違いなかろう。

渡辺校長はまた「教育は子どもに対しての文化運動であり、子どもを通して地域や社会に働きかける文化活動である」。その際「子どもたちのためということがあくまでも核になっていて、文化が働きだしていくものでなければならない」とのべ、雨の日も風の日も、地吹雪の中をからだ中を真白にしながらも、こんなにしてまで通ってくる子どもに学校がつまらなかったら本当に申しわけない。「なんとしても学校がおもしろく、充実したものになるようにしたいと思ってやってきたのだ。おもしろく、充実しているということは、文化があるということの証なのだ」と繰り返し話していたという。

ここに本寺小学校の基本思想をみることができよう。

地域に根づく

小学校での学校づくりへのとりくみをもう一つ紹介しておこう。教科研の『学校の再生』グループは、再生の一つのモデルを兵庫県府中小学校に求め、この但馬の小学校の地域に根ざす学校づくりへのとりくみを、現地に何度も足を運んで、丹念に調査している(30)。

そこには「たがいに力を伸ばし自由を保障しあえる教職員集団」があり、自由ななごやかさとピシリとしたきびしさが支える相互信頼がある。そうして地域の父母、住民の教育への要求を的確にとらえるためのたんねんな校区の教育調査にもとづいて、その教育要求をすくいあげ、父母・住民の参加のすじ道をつけてきた長い実績の上に、教師たちの教育実践がつみ重ねられてきたのであった。しかもこの府中小学校は、一村だけの孤立した学校づくりではなく、峠の向こうの川上小学校と、その実践と経験を交流し合い励まし合う関係をつくっていた。

ここでもしかし、忘れてならないのは、教職員集団のまとまりとともに、その協力の中心に、森垣修という、〝陰の校長〟ともいうべき人がいたということである。森垣氏自身、その実践を『地域に根ざす学校づくり』（一九七九年、国土社）としてまとめている。

ここの教師たちは互いに授業を見せ合うことを保障しあい、特に新卒の教師は空き時間には欠かさず先輩の授業を見てまわるように励まされている。新任時代や若い教師生活をここで過ごした教師たちは、「教師としての力をつけてもらい幸せだった」と語っていると言う。

ここでは、教師たちの教育実践の学び合いとともに、その自由が保障されていた。そして「特定の方法への同意を求めるのではなく、子どもの把握についての一致を高めつつ、その人なりの自由な工夫を励ます」ことを学校運営の原則の一つに掲げていた。

また、彼ら自身がまとめてつくりあげた「教師の教育的態度」には、子どもの人権と発達と学習の視点からつねに吟味されねばならないことが簡潔にのべられている。

【教師の教育的態度】　　　府中小学校

1　子どもの心を傷つけるようなことを言っていないか。
2　子どもの意見を教師の都合で、おさえつけていないか。
3　いちばんおくれている子が、少しでもものが言える手だてをとっているか。
4　おくれている子の指導記録はとれているか。

5　一日一回以上、どの子も発言できるような機会をつくっているか。
6　一日一回どの子にも声をかけるようにつとめているか。
7　教師の言動に不公平はないか。
8　宿題の質や量はひとりひとりの子どもの能力を配慮して出されているか。その処理についても十分な教育的配慮がなされているか。
9　教材研究が教える立場ではなく、子どもの学ぶ立場でなされているか。
10　他人の言動に対して嘲笑したり、話の腰を折るような態度の子どもを見逃してはいないか。（以下略）

・学校生活の大部分をしめる教室の中で、わからない苦痛に耐えなければならない子どもほど不幸なものはない。（府中小・一九八〇年度学校要覧より[31]）

ここの教師たちの力量形成にとって教研運動の蓄積は大きな共有財産であり、教師たちにとって組合教研への参加は大きな刺激であったが、そこに留まっていればそれはそのまま学校を変える力にはなり難い。そこでの学習を糧に教師たちが自分の学校づくりにとりくむことが必要であり、府中小ではそれを「組合教研から「育てる会」へ」として、学校を地域に開く努力を続けてきた。全国的な経験に学びながら、それをその学校と地域の問題としてとらえ直し、その実践をその学校に即してくみ直す努力が必要なのである。そのことによって、父母・住民の積極的な参加の道も開かれていく。

その際、父母・住民を結びつける中心となった森垣氏の人柄と力量——農民たちと一晩飲み明かし、減反政策に悩む父母・住民の感覚を共有しつつ、そこに芽生える教育への発想を引き出していくその人間的魅力が学校づくりの一つの要石であったことは忘れてはなるまい。

学校づくりの力量は、教師集団の質と深くかかわっている。教師集団で検討した教育(運動)方針と実践への確信は相互不可分な関係にある。その際重要なことは、その方針が一枚岩のように、教師集団を結束させるというのではなく、共通の方針にそっての、教師一人ひとりの自由な、創造的なとりくみを励まし合う教師集団があり、その要に、個性的で魅力あるリーダーがいたということであろう(32)。

自分づくりを励ます

七〇年代半ばの中学校の学校づくりの代表的なものに、日暮里《にっぽり》中学校の実践がある。その記録は桐山京子『学校はボクらの生きがい』(労働旬報社、一九七七年)にまとめられている。その副題には〈自殺・登校拒否をこえて〉と付されている。しかし、八〇年代に入ってから、既述のように事態はいっそう深刻化してきた。自殺した女生徒の、存在をかけての問題提起を正面から受け止め、学校再生の道をさぐった教師たちの集団的労作『よみがえれ学校』(信州の教育と自治研究所、一九八八年)も生まれた。

ここでは競争主義と管理主義のなかで、困難が中学校に集中している状況の中での実践として、東京・石神井《しゃくじい》中学校をとりあげる。その中心となった尾木直樹氏は、国語の教科通信を年間一七〇回も出す熱心な国語教師でもあったが、彼の勤めていた石神井中学では、教師一人ひとりが個性的にそれぞれの実践にとりくみ、それをもとにユニークな学校行事が生まれている。

子どもたちが主人公として全校でとりくむ文化祭と体育祭はこの学校の最も重要な行事であり、ここ数年文化祭では各クラスが創作劇に打ちこむ「演劇祭」ともなっている。この活動は全国紙も注目し、「毎日新聞」(一九九一年一〇月八日)は「十七クラスが熱演!の演劇——盛り上がったよ! ぼくらの文化祭」の見出しで大きくとりあげた。文化祭へのとりくみといえば、生徒・教師全員が一丸となってというイメージを持つ方も多かろう。しかしここではそれぞれの生徒の多様性の尊重のもとで文化祭がつくられていったのだった。

尾木は、なぜ管理主義が生まれるのかを自らの過去の実践や民間運動の方針などをも対象化しながら次のように分析している。(33)

一九八〇年につくられた学校づくりの指針「教職員が心を一つに一致協力の体制で指導にあたること」「悪は悪とし、全教職員が毅然とした態度で指導すること」をとりあげ、この方針にかつては自分も賛成してきた、しかしこれで本当によかったのか、とふり返る。そしてこのようなやり方では教師の個性が失われてしまう、一枚岩で子どもに迫るため、子どもにとって逃げ場がないばかりか、先生が敵に見えてしまう。恐怖の対象、とりしまり屋にしか見えないのではないかと考える。また全教職員の行動での一致を求めるため、結局教師自身がお互いを相互管理するようになり、本当の意味で教師同士心がつながれないという批判意見のあったことを想起し、「これはマトをついたものであり、全教職員に「心を一つにし一致協力の体制」など強いてはいけないのです」とのべ、いじめ問題のとりくみにみられる画一主義的スローガンの押し付けや全校集会の「成功」の裏にひそむ空虚さを批判する。

またこれまで使われてきた「一人の百歩よりも、みんなの一歩」を批判し、「どうして日本の教育界には、生徒・教師を問わず、「一致」ばかり求められるのでしょうか。権力側はもちろんですが、民間側も本当にイヤになるほどこの思想が強いのは教師の自立が弱いのではないかと思うくらいです」とのべ、管理主義を批判する教師たちが自分たちも無自覚的に管理主義に陥っていくと指摘している。学校管理体制強化のもとで、管理される教師が生徒管理を強めることはことがらの当然のなりゆきだが、「子どもたちのために」という善意が、実は管理主義に手を貸す危険性についても、自覚的であることが求められているのである。

祭りをつくる

多様化という名の偏差値輪切りがすすむなかで、多くの不本意入学者をかかえる高校、不登校や中退者が増え、いわゆる底辺校では授業が成立しない状況が広がる。そんななかで、底辺校生が中心に、エリート高校生もまき込んでフェスティバルにとりくむ愛知の私立高校生と愛知私教連の教師たち、それを支える父母の動きは青年期の発達と教育について新しい展望を与えている。(34)

その背景には、一九七〇年代後半以降、ひき続く授業料値上げに対して、私学助成運動にとりくんできた父母と教師の運動があった。しかし、八三年には臨時行政調査会が「私学助成抑制」の答申を出し、国の私学助成が一〇パーセント削減される中で、父母たちの署名運動は広がり八五年には三九二万名の署名が集まった。この運動は、八七年に出された公立高校の入試制度を複合選抜制に変え、推薦制を導入する方針に対して、県民挙げての「十五の春を泣かせない」運動として大きく発展することになった。父母たちは教師と協力して一一地区、三万人の「私学フェスティバル」にとりくみ、この教育祭典は大きな成功を収めることになる。

父母と教職員の提携を軸とするこの運動には当初、生徒は参加していなかった。しかし、生徒のなかから「なぜ、父母と教職員だけなんだ。自分たちもあのようにやりたい」という声が高まり、八六年の三万人集会ではじめて高校生との合同企画を盛り込むのだが、高校生は学園の枠をこえて実行委員会組織をつくり、約六〇〇名の生徒が参加、高校生七〇〇人で「土の歌」を合唱し、父母と教師の合唱(一〇〇〇名)を圧倒する。続いて翌年春には新入生歓迎フェスティバルを、秋には高校生フェスティバルを行ない、その運動のエネルギーは、学校の枠をこえてとどまるところを知らぬ勢いであった。会場は一一会場で、一万を超える参加者、ロックありミュージカルあり、演劇あり、映画あり……その多くは自分たちの創作なのだ。

この動きは公立高校生にも刺激を与え、三校禁(愛知県公立高校では三校以上の生徒の交流を禁止するという愛知県公立高校の校長会の申し合わせがある。一九六〇年代終わり頃つくられた)をたてに、参加をとどめようとする校長の対応も完全に宙に浮くことになった。

生徒アンケートでは「学校をやめたいと思ったことがある」という生徒が半数。「心から話せる友人」を求め「もっと人間性のある授業」を望んでいる生徒たちが、学校の枠をこえての生徒たちの交流と、自分たちの感情表出・表現の機会を求め、熱中し燃焼し、その青春の手ごたえを感じる時を求めて集うのは当然のことだと言える。

そして、この学校をこえての「高校生フェスティバル」は、各学校の生徒会や文化祭の活性化にそのまま還流してゆくことによって、次の高校生フェスティバルへのエネルギーを蓄え、その出し物を多彩にすることになってゆく。

先生たちはどうか。

例えば、第九の合唱に挑戦した高校生に、指揮を頼まれた音楽教師は、「それはベートーベンを冒瀆するものだ。エベレストに登るのに山登りのド素人では登れない」と、手を引いたのだが、彼らは非常勤の音楽の先生や音楽ができる青年教師をまきこんで、しかもロックバンドや和太鼓を交え、みごとに「第九」を歌いあげたのだった。どんな「第九」だったのだろうか。手は引いたものの心配で見にきた音楽教師たちは「ド素人がエベレストに登りやがった」と言って大いに喜んだという。「学校ではぐうたらたちばかりでどうしようかと思うのに、こんな力が発揮できるのか」と生徒たちを見直すことになっていく。ある教師は「生徒の急速な変化とすさまじいエネルギーはまさにドラマです」と書いている(35)。

高校生は、この時代の若者に共通する学校批判を持っていた。八七年の合唱は、彼らの思いを込めての創作合唱構成であった。「この秋私立高校生の思いのすべてを歌いあげよう」という課題に、まず学校批判、教師批判が沸騰した。生徒を無視して進める一方的な授業。質問すると「そんなことは知らなくてもいい!」と怒る教師への不満。とりわけ度の過ぎた生徒管理には批判が集中した。

「髪は三つ編み、リボンはだめ、靴下は三つ折り、……学校は私たちを個性の無いロボットにしようとしているのかしら」「寄り道禁止の校則があって、学校帰りに頼まれた買物をしても補導される」「地下鉄の中で中学時代の同級の男の子と話をしていただけで、授業中、生徒指導室に呼び出され、ネチネチと尋問された」「ちょっとでも気にくわないと殴る先生がいる。暴力教師はなんとかして欲しい」

これはそのほんの一端だが、それらを要約すれば、「高校生には人権はないのか」「学校はもっと生徒を信頼すべきだ」ということになろう。その怒りとねがいを込めて合唱構成『飛べ力いっぱい』がつくられ、翌年(八八年)春の新歓フェスティバルの創作ミュージカル『俺たちのレジスタンス』が上演されたのだった。これは「〝愛知私立高校生の人権宣言〟ともいえるものだった」とある教師は評している。こんななかで、八九年には二〇〇〇名の合唱、さらに「平和の火」リレー(広島から愛知へ)も実現する。

自分の学校の外で、他校生と共同で、共感の世界をつくりあげ、表現した生徒たちのエネルギーとその批判精神は、それぞれの学校の内部からの教育の変革に向かう。学校の外で、生徒を見る眼を変えた教師たちと、自分たちの教室の中での、新しい出会い、お互いの新たな発見が続き、人間の信頼に立つ人間教育がつくられていくのである。先生たちも「フェスティバルで頑張ったら、次は学園の活性化をつくり出す原動力となろう」という自覚のもとに各高校の内部からの活動の活性化にとりくんでいく。

ある高校(安城学園)の卒業フェスティバルは始めは教師によって脚本が準備されていたが、次第に主導権が生徒たち自身に移っていった。脚本は創作委員会でテーマを討論、皆で構想づくりを繰り返し、夏以降は二年生の二名が中心にいくたびも脚本を書き直し、上演時間二時間近い大作『ルシファー』を完成させたという。その後、二十数名のキャスト募集のオーディションには四〇名をこえる応募者があり、課題曲「マイ・レボリューション」を無伴奏で堂々とクリアー。「凄いね」と言われて「そりゃ演歌世代の先生たちと16ビートの生徒たちはちがいますよ」と応じる高校生。

この創作ミュージカルのフィナーレの一節には、(36)

「勇気がいるさ誰だって
自分の言葉をみつけるのは
だけどそこから言葉が交わって行く
そして本当の自分と出会える」(二年・近藤由美)

この詩に解説は不要であろう。高校生たちはフェスティバルにとりくむなかで、友人と出会い、自分自身と出会い、そのことで大きく成長していくのである。

教師たちもこの運動の中で変わって行く。

教師たちは、公立の教師と協力し、新指導要領と社会科解体の政策・方針に反対する署名を進める一方、夏にサマーセミナーにとりくむ。それは、高校生フェスティバルへの教師の参加であり、その学習版をつくろうとする試みであるが、同時に自分の授業を公開し、他校の生徒にも参加を呼びかける試みであった。参加した生徒の感想は、「あんな授業だったら僕にもわかる」「あんな授業を学校でもやって欲しい」というもので、その翌年には、一年間準備して全教科でサマーセミナーにとりくんだ。実際は、国英数理社会、商業、家庭、音楽、それに中国研究や木工を加えての七二講座を四日間でプログラミング、「平安時代の学び方」「本質に迫る微分積分」「英語で落語を演じてみよう」と多彩であり、「女が家を捨てるとき」という国語講座は女子高生が殺到したという。

実際この公開講座に参加した教師は、学校での自分の授業を変え、同僚に刺激を与えていったのである。この運動は教師が父母を見直し、ベテラン教師が新米教師を見直し、教師が生徒を見直し、生徒は自分たちの仲間を、そして自分自身を見直し、自信を取り戻し、人間としての誇りを自覚させるものであった。

その軸となったのは、生徒たち自身のエネルギーと自治の精神であり、それを励ます教師と父母の、子どもたちのための共同の精神であった。生徒はもちろん教師も父母も、しなやかに強くなっていったのである。

ここの高校生の大胆さとエネルギーには私自身驚かされたことがある。

一九九一年の春。愛知の高校生から突然の電話があり、大学研究室への来訪を受け、フェスティバルで教育改革を求めるフランスの高校生の活動の展示を予定しているのだが、先生(堀尾）はフランスから帰国したばかりでこのリセの生徒の運動に詳しいと聞いたのでそれを話してくれ、という。話している内に、その高校生を私たちのフェスティバルに呼べないかと言う。「準備の日も少ないし、それは無理だろう」と言って別れた後、電話がありなんとかならないかとの再度の願い。私は駄目だろうと言いつつも、友人のJ・F・サブレ氏に話してみると、彼はフランスの中等教員組合に連絡をとり、二人の生徒と先生一名の来日が実現し、フランス大使館も積極的に後援し、フェスティバルでの日仏高校生の交流が実現、私もそこに招待された。高校生たちの思い着いたらやってみようというその行動力には感嘆したのだった。この時の出し物の一つ、湾岸戦争に刺激されてつくられた「もし戦争が起こったら」と題する風刺のきいた創作劇を観た。戦争が起こって、若者がＩＱの低いものから順に徴兵されていく件《くだり》には笑えないおかしさがあった。

自由と癒しを求めて

以上、学校再生のための努力のいくつかの事例を、その焦点も歴史の展開のなかで少しずつ変化していることを含んで紹介してきたが、これらは、ほんの一部に過ぎない。その努力は全国各地でさまざまに続けられ、固い学校に風穴をあける努力が重ねられている。

登校拒否を学校への告発と受け止め、陰湿で歯止めのないいじめに、現代の子どもたちの充たされぬ心の空白を読みとろうとする、地味で誠実な教師たちの努力もある。それを支える心のつながりを求める親の会の活動もある。信州の篠ノ井旭高校や北海道の北星余市高校のように、非行でつまずき、登校拒否で傷ついた若者たちの癒しと安心の場となっている学校もある。愛知の黄柳野《つげの》高校は、そのような学校を目標に、市民が共同でつくった学校である。

正則高校や和光学園のように、あるいは大阪の千代田学園のように、校則を見直し、授業づくりや評価への子どもたちの参加の道を模索する実践もある。高知や埼玉の平和問題や環境問題にとりくむ高校生のゼミナール活動やボランティア活動はつぎには学校を内から変える力となろう。「自由」を旗印とする学校もつくられている。山田洋次監督の映画「学校」Ⅰ・Ⅱは、いまも夜間中学に、そして障害児の教育に、学校と教育の原型ともいうべきものが生きていることを伝えてくれる。

いわゆる「学校」の外側で、登校拒否児を積極的に受け容れるフリースクールも、各地にある。大学検定試験制度に活路を見いだす青年もいる。

これらの動きは、いずれも今日の学校のあり方を、内から、そして外から問うているのであり、学校は、この内外の問いに誠実に応えることが求められている。

民教連諸団体(教科研、日生連、全生研、歴教協等)や全国教育研究集会には、親だけでなく生徒も参加する新しい状況も生まれつつある。子どもの権利条約は、こんなところにも生きているといってよい。これらの実践・研究の交流を通して、これらの研究集会では子どもと学校のなまなましい状況と実践的試みが相互に交流しあい、学校を変える努力が続けられている。(37)(38)

この間、学校を楽しい学習の場としてどうつくり直すかを課題とする「学校づくり」が提起され、人権としての教育をいかに確立するかを軸とする、教育の自由と学習・教育権の理論、能力主義・学歴主義の解明、子どもの生活に即しての人格発達の理論、人間的教養にふさわしい教育内容・方法の探求、非行問題や不登校・登校拒否児とかかわるなかでの子ども理解の深まりなど、戦後教育学と教育研究運動が明らかにしてきた研究の蓄積も大きい。

また住民自治や参加の思想の深まりとともに、父母参加や、教育委員会の準公選制の問題は、学校を父母・住民の手にとりもどすための、具体的で、理論的かつ実践的な運動でもあった。

教師の自主的な教育研究運動、民間教育研究運動、あるいは教員組合による教育研究運動は、欧米の教育界との比較においても、また教育研究があるべき本来的な姿からも、ユニークかつ本質的であり、日本の教育研究の一つの重要な側面を担うものとして特筆されてよい。

注

(1) いじめに関しては、さし当り、民主教育研究所『季刊人間と教育』第7号特集、一九九五年九

月、森田洋司・清永賢司『新版　いじめ――教育の病』金子書房、一九九四年
(2)　体罰については、牧柾名ほか『懲戒・体罰の法制と実態』学陽書房、一九九二年、坂本秀夫『体罰の研究』三一書房、一九九五年、『季刊教育法』臨時増刊号「体罰・いじめ」、一九八六年
(3)　登校拒否については、横湯園子『登校拒否　新たなる旅立ち』新日本出版社、一九八五年、詫摩武俊・稲村博『登校拒否』有斐閣新書、一九八〇年、登校拒否を考える各地の会ネットワーク編『不登校を生きる』教育史料出版会、一九九二年
(4)　鹿川君いじめ自殺事件については、朝日新聞社会部『葬式ごっこ』東京出版、一九八六年、豊田充『葬式ごっこ――八年後の証言』風雅書房、一九九四年。また裁判については、第一審(東京地裁・91・3・27)は、いじめを自殺の原因と認めず、第二審(東京高裁・94・5・20)はいじめによる自殺と認め、教師の責任をも問うものであった(判例タイムズ七五七号および八四七号参照)
(5)　李水香『居場所がないの』民衆社、一九八五年、今村燁子ほか『先生！　居場所がない』葦書房、一九九四年
(6)　『教育』九五年一二月号座談会での佐藤博氏の発言
(7)　小川利夫「新制中学の発足とその意義」山内太郎編『現代中学校教育体系1巻』、一九六五年
(8)　この間の社会の変化については、渡辺治『現代日本の支配構造分析』花伝社、一九八八年、同『「豊かな社会」日本の構造』労働旬報社、一九九〇年、東京大学社会科学研究所編『現代日本社会・課題と視角』第一巻、東京大学出版会、一九九一年、奥村宏『会社本位主義は崩れるか』岩波新書、一九九二年、など。この変化を教育との関係でとらえたものでは、乾彰夫『日本の教育と企

業社会』大月書店、一九九〇年、および苅谷剛彦『大衆教育社会のゆくえ』中公新書、一九九五年

(9) 斎藤茂男ほか『教育って何だ』太郎次郎社、一九七六年、一六三頁。なお本多勝一編『子供たちの復讐』上・下、朝日新聞社、一九七九年、は、この頃起きた開成高校生殺人事件(七七年)および祖母殺し高校生自殺事件(七九年)のルポであり、事件そのものとともに大きな反響を呼んだ。それは学校教育の現状に対する鋭い告発であったが、この状況への一つの対応として、ジャーナリズムでも戦後教育に対する批判の論説が現れる。川上源太郎『学校は死んだ』、一九七四年。西義之『日本をダメにした戦後教育』山手書房、一九七六年。清水幾太郎「戦後の教育について」「中央公論」一九七八年六月号(『戦後を疑う』、講談社、一九八〇年、所収)。香山健一『英国病の教訓』PHP、一九七八年。これらを重ねて読めば、戦後改革の再改革(第三の教育改革)の構図が見えてくる

(10) 久冨善之・村山士郎・佐貫浩編『学校の再生』第1巻、労働旬報社、一九八四年、三頁、四頁

(11) 村上義雄編『子ども　やがて悲しき五〇年』太郎次郎社、一九九五年、一六〇頁所収の、井上ひさし他座談会「ざっくばらん討論」での発言、(12) 同、一六四頁

(13) この時代の状況については、堀尾『現代日本の教育思想』青木書店、一九七九年、参照

(14) 久冨善之『競争の教育』労働旬報社、一九九三年。とくに第一章、参照

(15) 臨教審については、大槻・浜林編『教育改革を問う』大月書店、一九八四年、深山・山科・佐貫編『臨教審答申をどう読むか』労働旬報社、一九八五年、同編『臨教審で教育はどうかわるか』同、一九八六年、三上和夫『教育改革の視野』同時代社、一九八六年、『臨教審のすべて』第一号—第八号、エイデル研究所、一九八五—八七年、また『季刊教育法』は一九八五年夏の『総特集・

臨教審の中身を問う』、およびそれ以降も各号で関係資料を掲載している
(16) 例えば、「朝日新聞」一九八五年二月七日の社説
(17) 世界を考える京都座会編『学校教育活性化のための七つの提言』PHP、一九八四年
(18) これらについては堀尾『教育基本法をどう読むか』岩波ブックレット、一九八五年、同『教育基本法はどこへ』有斐閣、一九八六年、同『日本の教育』東京大学出版会、一九九五年参照
(19) ヴァイツゼッカー『荒れ野の40年』岩波ブックレット、一九八五年。
(20) 例えば、日本教育学会は「申し入れ」を行ない(八五年三月六日)、日教組は「国民合意のための教育改革」大綱づくりのための教育改革研究委員会を発足させ(八五年)、また女性による民間教育審議会(女性臨教審、代表・俵萌子、八五年発足)の活動もあった
(21) 石田雄『日本の政治文化』東京大学出版会、一九七〇年
(22) 注(18)および『現代教育の思想と構造』岩波同時代ライブラリー、一九九二年、第四章、参照
(23) 日本経済調査会報告書『自由主義の前進』一九七七年、には、「戦後に発生した小中学校の諸問題は、自由化ないし私学化によって大きく解消されるに違いない」と書かれている
(24) 私の臨教審分析としては、拙稿「教育の自由と公共性」『季刊教育法』一九八五年夏号、教育の自由をめぐる香山健一・堀尾対談(堀尾『教育を支える思想』岩波書店、一九九三年所収)参照
(25) 注(6)に同じ
(26) M・&R・フリードマン／西山千明訳『選択の自由』上・下、講談社、一九八三年、同著／加藤寛監訳『奇跡の選択』三笠書房、一九八四年。なお、同書の原題は、Tyranny of the Status

quo, 1984.「現状維持の暴君」こそが敵だとして、新自由主義による改革を説いている

(27) イギリスの新自由主義、新保守主義を批判的に論じたものに、L・バートンの論文「イギリスにおける教育の市場化」勝野正章訳、『教育』一九九六年三月号所収、がある

(28) 横須賀薫『学校が甦えるとき』教育出版、一九八二年、一九六―二〇〇頁、(29) 同、二二六―二二七頁

(30) 久冨善之・村山士郎・佐貫浩編『学校の再生』第1巻、労働旬報社、一九八四年、三頁

(31) 同右、一八―一九頁、(32) 同、二二七頁

(33) 尾木直樹『学校好きになる教育』学陽書房、一九九二年、三九―四一頁

(34) 愛知私教連編『流れよ、教育の大河』高文研、一九九〇年、寺内義和『大きな学力』労働旬報社、一九九六年

(35) 愛知私教連編、前掲書、五〇―五一頁、(36) 同、一四六頁

(37) 学校づくりのさまざまな試みについては、「太田政男の学校訪問」『高校のひろば』労働旬報社、第九―一九号、一九九三年秋―九六年春、が参考になる

(38) なお学校再生のための論争的問題提起としては、教育科学研究会編『現代社会と教育3 学校』大月書店、一九九三年、竹内常一『日本の学校のゆくえ』太郎次郎社、一九九三年、諏訪哲二『学校の終り』宝島社、一九九三年、小浜逸郎『学校の現象学』大和書房、一九八五年、佐藤学『学び　その死と再生』太郎次郎社、一九九五年、堀尾他編『講座学校』全七巻、柏書房、一九九五―六年などがある

終章　教育改革を考える

本章では「教育改革」の問題を中教審(第一五、一六期)答申にしぼって検討し、私たちの教育改革の方向を示したい。

一　中教審答申は改革たりうるか

子どもたちの現在

いま日本の学校は競争と選別の場と化し、いじめ、不登校、体罰と管理のなかで、子どもたちは誇りを傷つけられ、自信を失い、学校は安心できる居場所ではなくなっている。勉強はわからない、友人はいない、そして、生きていてもつまらない……こうしてやる気を失い、落ちこぼれていく生徒も多い。

その声を聞き取るための「子ども調査」によっても、たとえば、長野県でのそれによれば、自然のなかで、友人のなかで、感動したという体験をもつことが少ない。他人への無関心は、孤立感と相関しているとも指摘されている。「自分の友だちが「いじめ」を受けているのを目にしたとき、あなたはどうしますか」という問いに対して中学三年生の三九・二パーセントが

「知らん振りをしていた」、高校生ではさらに四六・九パーセントになっている。

彼らは、現在の日本の社会をどのように見ているのであろうか。

「金と力(権力)がものをいう社会だ」という設問に、「そう思う」と答えたものは、中学生三九・二パーセント、高校生五六・八パーセント。「少し思う」という答えを合わせると中学生六八・二パーセント、高校生八一・五パーセント。

「自然を大切にしている社会だ」に対しては「そう思う」と答えたのは、中学生四・五パーセント、高校生二・七パーセントで、大多数の者は、自然破壊への危惧の念を持っている。

また、現代社会は「努力すれば報われる社会だ」については、中学生二一・一パーセントがそう思うと答え、高校生で一四・七パーセントと更に低くなっている。

逆に「学歴がものをいう社会だ」については、中・高校生の八割が「そう思う」と答えている。また「夢のある社会だ」に対しては、中学生の七四・三パーセントが「余り思わない」「思わない」と答え、高校生では八二・四パーセントが否定的に答えている(「子ども調査から見えてきたもの」『人間と教育』一九九七年、第十四号所収)。

彼らに希望を与える「社会と教育」への改革が必要であることを否定する者は誰もいまい。

誰もが改革を望んでいる

中教審の第二次答申(一九九七・六・二六)の総論部分にも、その提言は「過度の受験競争」の緩和のための施策であり、「ゆとり」のなかで「生きる力」を育む方策だと書かれてもいる。また、企業や官公庁の採用、人事をめぐる競争のあり方を含む学(校)歴偏重社会への批判的文言も記されている。

これらは一読、読んだものに好感をもって迎えられるだろう。学力試験偏重の入試のあり方に対しても、それが「受験のための知識を詰め込むことに偏らせ」「ゆとり」を失わせるとし、従来の学力観が「単なる知識の量から自ら学び、自ら考える力へと大きく転換」することを求めてもいる。これらの現状への批判的分析は、本書の分析とも合致している。

また、家庭教育の重要性についてふれた部分には「我が国社会が、多様な選択が認められる豊かな成熟社会へ移行していく中にあって、親は横並び意識や同質志向、さらには過度な年齢にとらわれた価値観」ではなく、子どもたちの個性を認め、その自主性を尊重しながら、その「自分さがしの旅」を扶《たす》けることが求められていると、感動的ともいうべき文章も書き込まれている。

臨教審以降の改革路線

しかし、その具体的制度改革は、ここに書かれた考え方を実現する改革といえるのであろうか。あるいはそうなりうるのであろうか。

そのことを判断するためには、そこでの具体的提言に即しての内在的検討とともに、その改革が戦後五〇年の総決算のための総合政策の一環として意味づけられていること、従って提言の具体的意味づけも、その大きなコンテキストの中で読み解くことが必要となってくる。

その基本的方向づけは、八〇年代半ばの臨時教育審議会答申によってすでに示されていた。そこでの「教育の自由化・民営化」路線は、新自由主義、新保守主義を根幹とする行財政改革論の一環としてその後の政策過程に反映し、大学審議会、中教審、教育課程審を通して徐々に定着してきた。

それに重ねて、九〇年代に入って、財界からの教育改革提言は、文教政策の方向に大きな影響を与えている。とくに経済同友会の「学校から〈合校〉へ」に示された学校スリム化論の提言は、完全五日制への移行をにらんでの現実性を持っている。

地方自治体も、中教審答申に合わせ、あるいはそれを先取りして、「多様化と個性化」を合いことばに、とくに中等教育を中心に改革・改造計画を打ち出している。

今回の中教審答申もその流れの中にある。

政府・財界筋の教育改革への具体的な取り組み日程をみれば、その真剣さがうかがえる。

一九九七年初頭橋本内閣は「五つの改革プラス教育改革」を打ち出したが、その最重点は行財政の根本的「改革」にあり、とりわけ財政構造改革構想は、積年の財政赤字の累積がもたらした社会経済的ひずみの解決への取り組みとして避けては通れない問題であることも間違いない。とすれば、その枠組みのなかでの教育改革は結局どのように方向づけられていくのであろうか。

財政構造改革と教育改革は矛盾しないのか

政府・与党の財政構造改革会議が発表したその『最終報告』(六月三日)は、財政赤字を克服し健全化するための方策として、「今世紀中の三年間を「集中改革期間」と定め、その期間中は「一切の聖域なし」で歳出の改革と縮減を進めることを決定した」と述べ、各分野での緊縮財政方策を示し、この推進方策は閣議によって了承されたのである。

それによれば、「文教」はもちろん聖域にあらず、のみならず、福祉領域とともに「自助努力」「受益者負担」原則を軸としての公費縮小のターゲットとなっているのである。

まず、その総論部分で「文教予算については、児童・生徒数の減少に応じた合理化、受益者負担の徹底、国と地方の役割分担及び費用負担等の観点から、義務教育、国立学校、私学助成等について、下記の事項を含め全般に見直し、抑制を行う」と述べ、

(1)公立諸学校の教職員定数改善計画の実施の抑制・延期
(2)国立大の授業料の見直し、大学事務の定員削減とスクラップ・アンド・ビルドの徹底
(3)私学助成に対しても今後の児童・生徒数の減少等を踏まえ、「特に十年度予算については、思い切って抑制する」とある。

また同日日付の『自由新報』には、「自由民主党行政改革推進本部財政改革委員会」の「財政構造改革案」が掲載されている。そこには、より具体的に児童数の減少に伴う教職員定数を見直し、その「削減」については「現在進行中の第六次教職員配置改善計画の見直しを行う」とあり、また、「教員養成課程の入学定員を大幅に削減し、臨時定員はこれを廃止する」と書かれている。

この提案が前提とする状況認識は、さきの『最終報告』総論の冒頭に記されている。
「少子高齢化の進展、冷戦構造の崩壊、キャッチアップ経済の終焉、大競争時代の到来、生産年齢人口の減少など、我が国の財政を取り巻く環境は大きく変容しているが、その中で財政は、現在、主要先進国中最悪の危機的状況に陥っている」(傍点筆者)。

こうして、政府財界筋の改革論が、蓄積した赤字財政の解消のための構造改革として提示され、教育改革はこの大前提のもとで、それと整合的な「改革」提言にならざるを得ないことも、もはや明らかであろう。

たとえばそこで、行財政における地方の時代が強調され、教育の自由化と個性化が叫ばれても、それは、地方に対する財政援助(補助金・交付金等)の縮減とワンセットに、その地方の自助努力を求めるというものであることも明らかである。教育行財政の仕組みの問題としては、教育内容は中央国家の所括事項であり、条件整備は地方行政の責任だとされた戦前の内外事項区分論的発想を想起させるものがある。

また競争と選択の原理を軸としての学区制の緩和は学校統廃合と教員の人員削減へ向けての強力なワンステップとなることも、たとえば東京足立区の事例の示すところである。中高一貫教育制度の選択的導入は緊縮・リストラ政策の中でのエリート養成制度として、戦略的重点目標とされる必然性も見えてこよう。国立大学教員の任期制導入も国立大学のセンターオブエクセレンス(COE)を軸とする再編と、リストラ化構想と無縁ではない。

その発想はまた、現代企業社会におけるメガ・コンペティション(大競争)の時代に備えての、中小企業の切り捨て、再編政策と軌を一にするものといえる。

このように、残念ながら、教育改革は、子どもたちの声に耳を傾けることから出発する教育内在的な改革論ではないことは、もはや明瞭である。そして『中教審答申』に見えるいくつかの当を得た論点も、異なったコンテキストの中で、異なった役割を果たすことになることによって教育的発想は裏切られていくのである。

中教審答申にみられる矛盾

このことをより具体的に見てみよう。九七年早々、文部大臣から首相に提出された「教育改革プログラム」(一九九七・一・二四)の前文には、「行政改革及び財政構造改革の視点に留意し、また、全体として規制の緩和を進めながら……各改革と一体となった真摯な取り組みを続けていく」と述べている。

そして、「学校制度の複線化構造」がその教育制度改革の原理を表現するキー・コンセプトとして提起され、その具体策として「中高一貫教育制度の導入」が掲げられている。中高一貫教育制度の導入は、中教審の審議のまとめ(その二)、そして答申の目玉の一つであるが、しかし実は、すでに文部省の教育改革プログラムの重点項目として提示されているのであり、中教審はそれを後追いして合理化するために審議を重ねたといわれても反論の余地はなかろう。

確かに、この審議のまとめを読めば、中高一貫制のメリット、デメリットについてそれなりに丁寧に論点をまとめている。

その利点として「中学校・高等学校の間のハードルを低くするという、高等学校入学者選抜の改善の方向にもそうもの」であり、「ゆとりある学校生活をおくることを可能にするということの意義は大きい」とある。またその問題点として、「制度の適切な運用が図られない場合には」、受験競争の低年齢化につながるおそれがあること、またその教育内容が受験準備に偏したものとなるおそれがあること、小学校の卒業段階での進路選択は困難なことなどをあげている。これを言い換えれば、中高一貫が部分的に導入されれば、それはエリート校化し、受験競争を激化させる危険性への認識が示されているということである。

それでは、中教審の提起する「中高一貫教育の選択的導入」は、その弱点をクリアーしているのであろうか。残念ながらそうではないことも、その提言に即して、明白なのである。それは、中学高校という青年期の教育を一つのまとまりとしてとらえ、それが入試によって分断されることなく、六年一貫のゆとりある学習と教育を、すべての青年に保障しようとする制度ではなく、一部の者に、選択的に導入しようとするところからくる必然的な問題点だからである。

それは「従来の中学校・高等学校に区分された中等教育と、中高一貫教育とを選択可能とする柔軟な学校制度」の創設なのであり、その導入は「既に進みつつある中等教育全体の多様化、複線化あるいは多線化という観点からも要請される」、それは「中等教育全体の多様化・複線化、さらには学校制度の複線化構造を進める一環として、極めて重要な意義を持つのである」

中高一貫は、青年期教育の原則から導き出されたものではなく、従来からすすめられてきた「学校制度の複線化構造」をさらに進める政策として提起されているのであり、従ってこれは従来の政策への反省にもとづく改革ではなく、その政策の一層の推進であることは、本文自体が示しているところなのである。

子どもたちの声を裏切る「改革」

このように見てくれれば、政府与党中心の教育改革は、個性化、自由化、多様化と、画一的管理統制に辟易している子どもたちと親たちには、とびつきたくなる改革に見えて、しかし、それはむしろ、予算きりつめのための政策に力を借し、結果として、すべての子どもに「生きる力」を育て、個性を開花させる、ゆとりある教育への期待を裏切ることになっていく。

より分かりやすく言えば、少子化社会の中で、それをチャンスとして、三〇人以下の学級定員を実現し、ゆきとどいた教育を保障する条件をつくるのか、それとも、学級定員はそのままにし、余った教師は首を切って財政再建を計ろうとするのかという選択の問題なのである。

東京都の試算によれば、一九九六年度の高校数は二〇九校で、学級定数を四〇名のままにすれば、少子化の結果、二〇〇七年度には四九校の高校が余ることになる。しかし三〇名にすれば三校不足する。そのいずれが、真に個性化教育、ゆとりある教育の創造に通ずる道なのかということであれば答は明白である。前者は財政削減の恰好の対象となる。しかし、個性の尊重とゆとりある教育のためには人もお金もかかる。問題は、このいずれを選ぶのかという決断の問題なのである。少子化という冷厳な事実を、ゆとりを回復するチャンスとして生かすかどうかの選択の問題なのである。

何に希望を託せばよいか

私たちの求める改革は二一世紀へ向けて、従来の社会のあり方でよいのかという問いと不可分のものである。

それは私たちに競争の原理を共生の思想へときりかえ、成長神話をすてて、持続可能な発展を軸としての生活の質を問い直すことを求めている。従来型の発展が、地域を根だやしにしてきたのに対し、地域こそを持続可能な発展の拠点とし、そこに平和と人権と共生の文化を根づかせる努力と一体のものとして教育の改革は進められなければならない。

そのつもりでよく見れば、地域おこしと子育て、教育の動きは、全国各地に拡がりつつある。そのことに積極的な自治体も数多い。子どもたち、青年たちの声を聞き、彼らの参加を励ましつつ、父母、市民が、草の根からの改革運動を進め、自治体が動き出すことである。国民の教育権は国民主権と不可分のものである。地方自治はそれを実際に保証する原理である。父母、市民は教育創造の主体であり、あてがいぶちの商品としての教育を財力に応じて選択する消費者ではないはずである。

学習権の主体としての子どもたちも、例えば高校生の平和ゼミ活動やフェスティバルへの取り組みなどに見られるように、地球時代を担う主権者にふさわしい学習と教育を求めている。父母の間にも、たとえば私学助成を求める署名運動が広がり、教師たちも、父母と協力して、三〇人―二五人学級を含む学校づくりに取り組んでいる。「子どもの権利条約・市民NGOの会」の国連へ向けての報告づくりの取り組みは、草の根からの教育改革の大きな力に成長することが期待される。その想いを同じくする「日本の教育改革をともに考える会」にも期待したい。

二　私たちの教育改革

改革の主体はだれか――国民の教育権論の再確認

それでは改革の主体をどう考えるか。教育は人権であり、国民の権利である。国民の教育権は国民主権とワンセットの概念であり、国民主権を肯定するかぎり国民の教育権を否定することはできない。政府も国民主権を承認するかぎり、現在の憲法を認めるかぎり、「国家の教育権」とは言えないのである。

しかし、それでは「国民」とは何か。それは、国境のなかに閉ざされた国民なのではない。それはとりあえずは「ピープル」(人民)と考えることができるし、さらに「住民」、在日外国人を含んだ「人民《ピープル》」という仕方でそれを広げていく必要がある。国民の教育権論は、たとえば外国人に対しては門戸を閉ざすということではないはずである。

他方で、私は序章でもふれたように、現代を「地球時代」ととらえようとしているのだが、その際、国民国家の国境の問題はどうなるのかという問題がある。いきなり国境をなくして世界国家が形成されれば、地球時代における世界の秩序というものができるのか。それは将来の夢として考えていいが、少なくとも現実の問題として国境という問題を無視するわけにはいかない。国家間がせめぎ合い緊張している現状のなかで、特に民族の独立が危機にさらされる国際情勢とかかわって、国家主権の問題を否定するわけにはいかない。

そこで、国民といい国境といい、その垣根をできるだけ下げていく方向で、実質的に世界市民に近づくような方向で問題を考えようではないか、という考え方が出てくる。そこでは、国民主権が絶対でないのと同じように、国民の教育権論も絶対ではありえない。その表現もやがて変わっていかなければならないということを確認しながらも、しかし現実に教育改革の主体はだれかという場合に、それは国民であり人民であり、具体的には子どもであり、親であり、教師であり、市民であり、住民であり、在住外国人である。そういう仕方で「国民」を具体的にとらえながら、包括的には「国民の教育権論」を地域に根づかせ、世界に開く方向で発展させるべきではないだろうか。

もう一つ、国民の教育権の中核に位置づくものは何かという問題がある。それは子どもであり、子どもの発達と学習の権利を中核にした、そしてさらに生涯学習権へと発展する学習権論を軸にした教育権の構造が明確にされなければならない。その子どもに対して親がどういうかかわりをもち、住民がどういうかかわりをもち、そして教師の責任と権限はどういうものなのか、地域自治体の行政責任・国の行政責任はどういうものとしてなければならないのか、そこでの権利と義務、責任と権限の全体の構造が問題なのであって、問題の本質は「国民」をどうとらえていくか、そして国民の教育権論の構造をどうとらえるか、にあるのだと私は考えている(堀尾『人権としての教育』岩波同時代ライブラリー参照)。

加えて国民(とりあえずは子ども・父母・住民)はたんなる受益者、たんなる教育の消費者ではないことを強調したい。この点は、現在の改革を進めている側の発想とは根本的に違いがある。つまり、自由化論は教育を商品化し、教育を公営から民営へはずしていこうとするものであり、そこでは選ぶ権利が強調されているが、私たちはつくられた商品としての教育のなかから自分に合ったものを選ぶ自由があるだけではなくて、私たちにほんとうに必要な教育をつくりだす、その教育創造の主体でもある。教育改革の主体とは、教育創造の主体に他ならない。

教師の「専門性」のとらえ直し

教師もまた、教育改革にとりくまねばならない。

厳しい現状のなかで、自分のやりたい教育ができていないと感じる教師は七九パーセントにものぼっている（「教師の本音に迫る」NHK、九七・七・二六）。この事実は、現状の困難とともに教師のとりくむべき改革の必要性と可能性をも示してもいる。

そこではまた、教師の専門性もまた問い直さなければならない。今日では、ともすると教師が親とも子どもとも対立しており、教師が専門性の殻でどうにも手のつけられない城をつくっているところに問題があるという批判がある。現象的には確かにそうなのだが、むしろ教育システムの官僚制化と学校の管理体制化の中で、専門性そのものが損われていて、外から見るとそれが閉じた専門性に見えているのではないか。教師に問われる専門性は、本来は開かれた専門性でなければならない。授業の内容と展開、その評価を最終的に決定する、その判断の責任は教師が負わなければならないという意味で、教師の専門性は大事なのだが、それは常に反省を内に含んだ、そして、子どもや父母の参加と批判を受け入れることのできる開かれた専門性としてとらえ直されなければならない。その専門性は教師が父母と手を結び、地域の活動の中に入っていくなかで鍛えられる。

改革の視点——新しい共同性・公共性

改革の主体としての私たちが、どういう教育をつくっていくか。それは、新しい共同性・公共性の原理をつくり出していく運動でもある。「公共性」という言葉が語られる場合、ともするとそれを〝国家のもの〟と考えがちだが、しかし、そうではない公共性こそがつくり出されるべきである。それは一人ひとりの人権とつながった、いわば人権の「へその緒」をもった公共性である。〝一人ひとりのものであると同時にみんなのもの〟という感覚でつくり出される共同性、公共性。これはまだ十分に展開されてはいない。同時にそのような育ち始めた公共性を解体する動きも一方で強まっている。そのなかで、あらためて新しくそれを創造する課題としてとらえるべきではないか。

公共性をどうとらえ直すか、どうつくり直すかは教育だけの問題ではなく、日本の社会の、あるいは世界の、あらゆる社会の現象を新しく共同性・公共性という観点でとらえ直しつくり直すという思想や運動と結びつく。それはコモン・ウエルズ(共同の富)の、そしてレパブリック(レス・ピュブリカ・公共のもの)の、その原意に即してのとらえ直し、つくり直しの仕事でもある。

私たちが「一人ひとりのものであると同時にみんなのもの」というとき、そこでの教育は当然、国民が参加し創造する教育でなければならない。子ども・父母・住民の参加、教師と父母と住民の連帯、そして行政を含む新しいパートナーシップが考えられなければならない。

同時に忘れてならないのは、あくまで教育の主人公は子どもであり生徒なのだ、その自治と参加、これが大事なのだということである。生徒の自治と参加という原理は、授業だけでなく学校生活全体を考えた場合に重い意味をもってくる。参加論は、ともすると教育権論の批判として言われたことがあるが、国民の教育権論の発展として参加の問題が具体的に深められてきているのだと私は考えている。

このような方向での改革は、具体的にはどういうところに現れているのか。

一つは、子どもの権利条約の批准を契機にして政府の報告書が出され、それに対して市民・NGOの報告書をつくる会が、全国的に活発に活動し、先般、国連へ提出する報告書がまとまった。私も「つくる会」の代表の一人だが、この報告書をつくる運動自体が日本の子どもの権利のありようを総点検する運動でもあった。これは改革の課題の確認と同時に、だれが改革するのかという主体の問題とも結びついた、重要な活動だと思う。「子どもの権利ネットワーク」やDCI(子どもを守る国際組織)の活動も、それに関連して大事な役割を果たしている。そこには、子どもたち、高校生たちが積極的に参加している点で新鮮だ。

高校生の平和ゼミ、フェスティバル、あるいは高校生の学習権宣言の動き等々、特に高校生の成長が目立っている。日韓高校生の交流の中で生まれた映画「渡り川」などもその一つの成果であり、一九九六年の沖縄県の県民投票に先立つ高校生の自主投票なども〝高校生は元気だ〟と私たちに確信させるような動きであった。

長野県の水環境保全条令をつくらせた住民運動も、生涯学習運動と結びついた動きだったと言っていい。新潟県の巻町《まきまち》の原発をめぐっての住民投票も、自治のあり方、市民意識の成長という点で、たいへんインパクトをもっている。このような動きの中に「国民の教育権」の実質と新しい共同性、公共性の意識と事実が生まれつつあるのだと考えたい。

平和・人権・共生の文化を

教育改革は日常の教育実践の中に根づかなければならない。

何を教えるか、そのカリキュラムをどうするか、そこでの共通部分は何なのか。どう教えるのか。子どもたちがどう学ぶのか。多元的価値や文化が説かれる今日、共通教養そのものについての疑念も出されている。しかし、これから二一世紀に向けて、過去を心に刻んで前へ進もうとする私たちにとっての教養(文化)の質、その教養の核になる確固たるものがあるのではないか。人権や平和の課題に重ねて、環境問題・開発問題をどう考えるか、共生の思想をこれからどう深めていくかということも、共通教養の核となろう。

この間、平和と人権の思想は深まってきた。平和教育の歩みに即しても、戦争反対というだけではなく、被害者としての意識だけではなくて、加害責任の問題を強く問うようになってきた。さらに、日本の反戦平和思想の伝統についても目を向けるようになってきた。平和の価値を未来への価値選択と決断の問題としてとらえさせる実践も蓄積されてきている。

国際的にも平和と人権の教育は「平和と人権の文化をどうつくり根づかせるか」という仕方で、議論が進んでいる。それは特にユネスコ、国連の人権委員会等の動きに現れている。私自身、一九九四年、九五年とユネスコの会合にも参加したが、そこで教育者たちが「平和の文化、人権の文化をどうつくっていくか」という仕方で考えを深めていることに共感をもった。さらに、昨年(一九九六年)出席したIPRA(国際平和学会)では、平和を考える視点として、非暴力、ジェンダー、そして先住民・マイノリティの視点、さらに若者の視点が強調されていた。こういう視点で平和と人権の問題を見直した場合に、暴力の問題も構造的な暴力の問題を含んで、あるいはsexism(性差別)の問題も含んでとらえ直しが求められる。これらの学習課題は知ればすむという問題ではない。

ユネスコ国際会議の「九四年宣言」の中には、「教育は、人権の尊重に寄与し、権利の擁護と民主主義と平和の文化の建設に積極的に参加し、そのために役立つ知識、価値、態度そして技能(スキル)を擁護すべきであると確信し」と書かれている。

重要なことは平和や人権の学習では、知識とともに、価値、態度、スキルが強調されていることである。平和や人権が、その価値意識（観）の中軸にすわり、日常の生活態度にも沁みだしてくるような学習のあり方、そして具体的な緊張（コンフリクト）に対する問題解決に非暴力的方法によって積極的にかかわる技術（スキル）を身につけるような学習と教育、さらにその習熟が重要なのである。そして、そのことによって、はじめて、平和の文化、人権の文化を担う主体（市民）が形成され、その文化が、それぞれの伝統に根ざす仕方で育っていくことが期待される。

現在の日本における子育てと教育にかかわる文化もこのような視点から見直されねばならない。日本社会は一見平和に見えて、管理と競争のシステムのなかにあり、学校もその例外ではない。体罰といじめの問題は、まさしく直接的暴力の問題であり、陰湿ないじめや内申書による抑圧は構造的な暴力の問題でもある。いずれにしろ、現在の学校に支配的な文化は「平和と人権の文化」の対極にあるものだといわねばならない。学校とクラスのなかに、日常の友人関係のなかに、「平和の文化」、「人権文化」をつくり出すことができるような「学びの文化」をつくり、根づかすことが、学校での、そして家庭と社会での課題なのである。

競争から共生へ

そのためにはまた、学校と教育をめぐる文化が、競争から共生へと大きく変わらなければならない。その際の共生とは、単に「共に生きる」を越えてのコンヴィヴィアル(親和的)な共生、食事をともにし、心の通い合う時間と空間を共有するということをその源イメージとする共生(conviviality)が一つの理想の状態だと考えられてよい。クラス全員が、生徒と教師が、学校全体が、共生し、父母と教師が共同する学校が構想され、創造されることが理想であり、そこでまた、教育の内容においても、自然と人間、万物の共生、万人の共生の課題をコア(核)とするカリキュラムづくりにとりくみ、老人や障害者との交流、あるいは外国人子弟との交流といった実体験を通して、その共生の感覚がゆたかに開かれ、それを犯すものにたいしてはそれを許さないとする強さもまた、求められてくるのである。

授業改革の視点

教育に求められていることが平和・人権・共生の文化を根づかせることにあるとすれば、それは土を耕す日常的な活動によってのみ可能である。日常の実践者として、授業一つひとつをどういうふうに変えるのか、変える可能性があるのかということを一つの拠点にしなければならない。その際、まず人権の問題を子どもの権利の問題としてとらえ直すことが大事である。「人権としての教育」ということを言葉として繰り返すのではなくて、教育の主人公はまさに子どもなのであり、子どもにその権利を自覚させることも含めて、子どもが教育の主人公にならなければならない。教材の選択や編成に生徒が積極的に参加することも必要である。子どもこそ主人公という根本原理を中心に据えて授業改革を進めなければならない。

学びの質

さらに授業のあり方として、体験学習、生活学習等が大事な課題になってくる。それは学び方を含めて学ぶ、ということである。そこでは知の問題と同時に問題を解決するスキルの問題を含んでいる。

そしてその学びをとおして、「わかる」ことが「生きる」力と結びつくようなわかり方、ほんとうに心に落ちるわかり方、納得できるわかり方、それが次の問いをうながすわかり方が求められている。そこで完結したわかり方ではなくて、次の問いへと開かれたわかり方、子どもから見ればもう一つ新しい世界が見えてきた、自分がひとまわり大きくなったという実感がもてるような、そういう授業をつくっていくことが大事なのだ。

学ぶことをどう深めるかという問題は「学ぶ権利」の問題とワンセットであり、学びのあり方と生きるという問題への問いも一体のものなのである。

ユネスコの二一世紀教育国際委員会(ドロール委員長)の報告書(一九九六年四月)は、「学ぶこと、そこに宝がある」という表題がついているが、ドロール委員長はその含意をラ・フォンテーヌの「農夫と子どもたち」という寓話を引きながら説明している。農夫である父親が死の直前に、子どもたちに「先祖が残した土地に宝が隠されている。売り払ってはいけない。八月の収穫の後に農地のすべての場所を掘り返してみよ。そうすれば宝が出てくる」と言う。子どもたちは収穫の後、畑を隅から隅まで耕したけれども宝は出てこなかった。しかし、翌年には豊かな収穫があったという寓話だ。働くことと学ぶことが結びついた問題意識をもってこの報告書が書かれていることも、感動的だ。

学ぶことの意味を人間が生きるということと結びつけて深く掘り下げようとする姿勢がここにもうかがえる。加えて、二一世紀の課題の一つに「共生(live together)」をあげていることも、ユネスコ文書としては画期的なことである。これを一九八五年のユネスコの「学習権宣言」と重ねて読んだ場合に、いっそうその意味がはっきりするのではないかと思う。そこには、学習こそが、生涯を通して、生きることと結びつくキーワードだと書かれている。

学習の問題は、生涯学習の視点からも展開されなければならない。現実には、私たちの視点が学校での教育のあり方だけに閉ざされているかぎり学校も見えてこない。生涯学習権という観点から学校を問い直すことが大事になっている。

制度改革への視点

以上のような〝学びとわかり〟が、現在の学校の仕組み、教育の制度で果たしてどこまで保障されるのかという問題がある。個性的な学びを保障する授業を重ねても、学年末には評価をしなければならない。そこでは五段階相対評価が待っている。あるいは有名校への進学率で評価される。生徒のボランティア活動も評価の対象になるや否や欺瞞的なものになることで、生徒自身が傷つくことにもなっていく。そういう仕組みそのものが、わかるよろこびを保障する授業をつくり出すことを妨げる力になっている。

私たちは望まれる授業をつくっていくためには、どういう評価、どういう入試制度、どういう学校制度が必要なのかという仕方で、制度改革の問題を問うていかなければならない。

制度改革の視点としては「平等性と多様性の統一」といえるが、これは、言うは易しく行うにはまことに難しい問題である。ときとしてその平等の主張が画一主義であったと批判され、「多様性こそが大事だ」と言われてもきた。しかし、戦後の日本の思想だけではなくて広くヨーロッパの思想を見た場合にも、平等を追求した本格的な思想家のなかで「人間の能力は同じだ」と言った人は一人もいないと言っていい。

では、平等とは何か。何よりも条件の平等であり、社会的・経済的な平等をどう保障するかという課題がまずあるわけだ。それに重ねて機会の均等があり、評価における公正の原理が常に意識されていた。この平等と均等と公正の原理を重ねるところで「正義の原則」が考えられていい。七〇年代の初めに教育制度検討委員会が組織されて改革案を出したときにも、改革の理念として、一つは〝国家の教育支配に対して教育の自由の原則〟、二つめは〝競争の原理・選別の原理に対して教育における正義の原則〟、この二つの原則を軸に改革構想を提起していた。(梅根悟編『日本の教育改革を求めて』一九七四年、勁草書房。なお、教育における正義の原則については堀尾「教育における平等をめぐる問題」『現代教育の思想と構造』岩波同時代ライブラリー所収、参照されたい)。

私たちはテストの点数で順番をつけて学力=偏差値という一元的な尺度で階層化して、その尺度の目盛を細かにするというだけの多様化ではなくて、ほんとうに人間の多様性を認め、限りなく個性を認めていく制度のあり方を考えていかなければならない。学校の文化が競争原理を超えて共生の文化へ変るためには、入試制度を含む教育制度が大きく変らねばならず、それはまた、教育制度の問題を超えて社会の根本的なあり方自体をも問い直す、という問題にもつながっていかなければならないだろう。

最後に、教育の問題が収斂《しゅうれん》していく一つの焦点をもつとすれば、それは教養(カルチュア)の問題であり、教養の質を問い直すということである。地球時代にふさわしい新しい教養をどう考えるか。いま欠落しているのはひとことで言えば教養の貧困ということになろう。ひととひとを結ぶ教養の思想は、過去の人々、地球の裏側の人々、そして未だ存在しない未来世代の人々に想いを馳せる想像力と共感の力、死者と生者とこれから生れてくる者との共生の感覚を育てるものでなければならない。そこでは知のあり方が問われていると同時に、感性のあり方が問われている。感性をとおして人間的なるものに共感する、その能力をいかに豊かに育てるかが教育の仕事である。

〝人間の苦しみ、他人の悲しみをわがこととして理解できるようなわかり方〟ということも、ここで強調しておきたいと思う。私たちは、生きていることを「喜びを共にする」という言葉で表現することが多い。しかし、生きているということは喜びだけではない。楽しみは苦しみの後にやってくる。苦しみに耐え、他人の痛みをもわがこととして感じることができるような、〝感性〟と〝わかり方〟が大事になってくるのではないか。教育改革もまたそのような教育の仕事を励ますような改革でなければならない。

――幻想をもたず、希望をつむぐ――

＊　なお共生の思想については「人権・平和・共生の教育をめざして――ユネスコ国際教育会議で考えたこと」『国際理解』帝塚山学院大学編、第27号、一九九六年、日本学術会議「アジア・太平洋地域における平和と共生」『学術の動向』一九九七年二月号、及び拙稿「競争から共生へ」『学術の動向』一九九七年八月号、参照。

あとがき

神戸でおきた連続小学生殺害事件は、まことに衝激的であった。

それは十四歳の少年による想像を絶する事件としてのショックとともに、同世代の若者たちの五人に一人が「それなりに気持はわかる」と反応したこと、加えて、自分も生き続けていれば、同じようなことをやるかもしれないという不安から、あの数日後に、死を選んだ中学生(福井)がいたということが、何ともやりきれない思いをつのらせたのだった。

子どもたちの闇は深い。そして、おとなたちも、実は、同じ闇の中にいることを思い知らされたのではなかろうか。

その犯行声明には、義務教育制度と社会への呪いが綴られていた。受験ひと筋の学校秩序が個性を奪い、そこでは「透明な存在」でしかありえないことへのいらだちも伝わってきた。

加害者・被害者の親たちの苦悩を想うと、ことばもない。

本書は、この事件の直接的な分析ではない。しかし、子ども・青年を包みこんでいる深い闇の正体、そのよってくる環境条件としての現代社会の、少なくともその輪郭をとらえることには役立つのではないかと思っている。

本書を書くについては、第二章の「現代社会と教育――「能力主義」の問題性」を書いた時、大塚信一氏の目にとまり、これを軸に新書を書いてほしいといわれたのが機縁であった。

その後このテーマを、一方で企業社会論に拡大し、他方で学校論に焦点づけて考えてきた。そして全体を通して、「現代社会と教育」の問題を、企業、学校、家族、地域の視点から重層的に把握し、能力主義と競争の原理に立つ企業社会が学校と家族をまきこみ、「学校化社会」と「教育家族」が企業社会を下支えしていくダイナミックスを分析し、そこでの人間発達のゆがみの原因、少なくともその環境条件による規定性をとらえようとした。

また、戦後教育の歩みを憲法・教育基本法五〇年の流れのなかで、しかし、現実にはそれを裏切る社会と学校の変貌を経緯に即して検討し、子どもたちの声――その悲鳴と希望に応える学校と教育の改革の必要性とその方向性を明らかにしようと努めてきた。そこでは、競争から共生への発想の転換を軸に、さらに国際的動向、とりわけユネスコの「平和と人権の文化」づくりへのとりくみに注目し、また、アジア的伝統とも親和的な「共生」の思想――共生とは自然と人間、万物・万人の共生であり、死者と生者との、さらには未来世代との共生を含んでいる――に、未来への知恵を読みとり、地球時代にふさわしい人類の希望をつむぐ仕方で、人間と教育の問題を考えようとしてきた。

「現代社会と教育」をめぐる問題は困難に充ち、学校の閉塞状況は出口なしにも見える。私たちは能力主義と競争の原理を超えでて、平和・人権・共生の文化を根づかせることに教育の未来を託す以外に、道はないのではないか。目を大きく開き、混迷の先に地球時代を展望する時に、閉ざされた学校空間にも曙光がみえてくるのではないか、そして子どもたちの闇のなかにも希望が見えてくるのではないか。そんな思いを本書に託したつもりである。機会を与えて下さった大塚信一さんと、丁寧な仕事をして下さった山田まりさんに感謝したい。

本書の構成のもとになった論文は次の通りである。

序章「教育と歴史意識」(『教育』一九九七年五月号)及びカリフォルニア大学バークレー校での講演「戦後日本教育の回顧と展望」(一九九七年五月)で合成。

第一章「現代社会と企業・学校・家族・地域」(『講座世界史』歴史学研究会編、東京大学出版会、一九九六年、第十二巻、所収)

第二章「現代社会と教育――「能力主義」の問題性」(岩波講座『転換期における人間』別巻1所収、一九九〇年)

第三章「学校の現在と未来」(教育科学研究会編、講座『現代社会と教育』大月書店、第六巻、一九九四年)、及び「学校の現在と学校論の課題」(堀尾他編『講座学校』第一巻、柏書房、一九九五年)で合成。

第四章「ゆらぐ学校信仰と再生への模索」(『講座学校』前掲、第二巻、一九九六年)

終章「教育改革を考える」(『市政』全国市長会編、一九九七年八月号)、及び「教育改革の理念と主体」(民主教育研究所編、『人間と教育』第十二号、労働旬報社、一九九七年)で合成。

一九九七年八月一五日

著者

堀尾輝久

1933年 福岡県に生まれる
1955年 東京大学法学部卒
専攻一教育学・教育思想史
現在一東京大学名誉教授
著書一『教育入門』(岩波新書),『現代教育の思想と構造』(岩波同時代ライブラリー),『教育の自由と権利』(青木書店),『現代日本の教育思想』(青木書店),『天皇制国家と教育』(青木書店),『子どもを見なおす』(岩波書店),『教育基本法はどこへ』(有斐閣),『子どもの権利とはなにか——人権思想の発展のために』(岩波ブックレット),『対話集 教育を支える思想』(岩波書店),『人権としての教育』(岩波同時代ライブラリー),『人間形成と教育』(岩波書店),『日本の教育』(東京大学出版会),『人間と教育 対話集』(かもがわ出版)
Educational Thought and Ideology in Modern Japan, Tokyo Univ. Press.
L'Education au Japon, CNRS

現代社会と教育　　岩波新書(新赤版)521

1997年9月22日　第1刷発行
2022年12月15日　第10刷発行

著　者　堀尾輝久《ほりおてるひさ》

発行者　坂本政謙

発行所　株式会社 岩波書店
〒101-8002 東京都千代田区一ツ橋 2-5-5
案内 03-5210-4000　営業部 03-5210-4111
https://www.iwanami.co.jp/

新書編集部 03-5210-4054
https://www.iwanami.co.jp/sin/

印刷・精興社　カバー・半七印刷　製本・中永製本

ISBN 4-00-430521-7　　Printed in Japan

岩波新書新赤版一〇〇〇点に際して

ひとつの時代が終わったと言われて久しい。だが、その先にいかなる時代を展望するのか、私たちはその輪郭すら描きえていない。二〇世紀から持ち越した課題の多くは、未だ解決の緒を見つけることのできないままであり、二一世紀が新たに招きよせた問題も少なくない。グローバル資本主義の浸透、憎悪の連鎖、暴力の応酬——世界は混沌として深い不安の只中にある。

現代社会においては変化が常態となり、速さと新しさに絶対的な価値が与えられた。消費社会の深化と情報技術の革命は、種々の境界を無くし、人々の生活やコミュニケーションの様式を根底から変容させてきた。ライフスタイルは多様化し、一面では個人の生き方をそれぞれが選びとる時代が始まっている。同時に、新たな格差が生まれ、様々な次元での亀裂や分断が深まっている。社会や歴史に対する意識が揺らぎ、普遍的な理念に対する根本的な懐疑や、現実を変えることへの無力感がひそかに根を張りつつある。そして生きることに誰もが困難を覚える時代が到来している。

しかし、日常生活のそれぞれの場で、自由と民主主義を獲得し実践することを通じて、私たち自身がそうした閉塞を乗り超え、希望の時代の幕開けを告げてゆくことは不可能ではあるまい。そのために、いま求められていること——それは、個と個の間で開かれた対話を積み重ねながら、人間らしく生きることの条件について一人ひとりが粘り強く思考することではないか。その営みの糧となるものが、教養に外ならないと私たちは考える。歴史とは何か、よく生きるとはいかなることか、世界そして人間はどこへ向かうべきなのか——こうした根源的な問いとの格闘が、文化と知の厚みを作り出し、個人と社会を支える基盤としての教養となった。まさにそのような教養への道案内こそ、岩波新書が創刊以来、追求してきたことである。

岩波新書は、日中戦争下の一九三八年一一月に赤版として創刊された。創刊の辞は、道義の精神に則らない日本の行動を憂慮し、批判的精神と良心的行動の欠如を戒めつつ、現代人の現代的教養を刊行の目的とする、と謳っている。以後、青版、黄版、新赤版と装いを改めながら、合計二五〇〇点余りを世に問うてきた。そして、いままた新赤版が一〇〇〇点を迎えたのを機に、人間の理性と良心への信頼を再確認し、それに裏打ちされた文化を培っていく決意を込めて、新しい装丁のもとに再出発したいと思う。一冊一冊から吹き出す新風が一人でも多くの読者の許に届くこと、そして希望ある時代への想像力を豊かにかき立てることを切に願う。

（二〇〇六年四月）